出版人に聞く 19

弓立社という出版思想

宮下和夫

MIYASHITA Kazuo

論創社

弓立社という出版思想　目次

目　次

第Ⅵ部

弓立社という出版思想

インタビュー・構成　小田光雄

第Ⅰ部

1　前口上

――今回は宮下和夫さんにきて頂きました。まずは宮下さん、お久し振りですと始めるつもりでいたのですが、思いがけずに二週間ほど前、テレビ（「日本人は何をめざしてきたのか⑤吉本隆明自立の思想」、ＮＨＫ教育テレビ、２０１５年1月10日放映）でお顔を拝見し、何か会ったばかりのような気がして、ちょっとちがうかなという感じもあります。でも実際にお会いするのは本当に久し振りなので、これをイントロダクションにさせてもらいます。

宮下　いやあ、見てくれたんですか。本当に恥ずかしい。テレビに出たのは初めてなので、かなり上がってしまいました。それに意外な人まで見ていて、僕も驚いている。うちの近所の老人会のカラオケ同好会の人から見たよといわれてしまった。そんな番組を見るような人だと思わなかったし、ＮＨＫの十一時過ぎの番組だから、よく見たなと思った。

――そうなんですか。まだきっとこれからもいわれますよ、再放送もありますし。でもとても上がっているようには見えませんでしたが。

ただそれはともかく、このインタビューが宮下さんのテレビ出演と重なったことはとてもよかったと思っています。意図していたわけではありませんが、結果的に同時期になったのも時代状況の巡り合わせとも見なせますから。

宮下　それはいいんだけど、この「出版人に聞く」シリーズに出るようにと、僕なんかに声をかけてもらった理由がよくわからない。

――　宮下さんはそれを前にもいっておられましたが、論創社の森下さんから我々の世代に至るまで、宮下さんと弓立社の存在はとても大きなものだった。吉本隆明というブランドを持つ小出版社のイメージ、インディーズ出版の範となるのはやはり弓立社であり、宮下さんだと思っていましたから。

宮下　本当にそうなのかな。今日僕は一応俎板の鯉になるつもりできましたけれど、自分が出したもの、つまり弓立社の出版物にあんまり自信がないですね。巻末にリストアップしたので見て貰えばわかりますが、雑然たるものです。だから何で僕が喚ばれたのかという思いは拭えない。一人で出版社を始めたということが珍しかったのかな。

――　それはものすごくあると思います。だから弓立社の場合、宮下さんが想像されている以上に、他の出版社よりも読者が注目したし、編集者から見ても思い入れが強かった。それは水声社の鈴木宏さんもいってました。

2　なぜ弓立社なんだろう

宮下　書肆風の薔薇の鈴木宏さんですか。

――そうです。

宮下　鈴木さんは何年に出版社を始めたのかしら。

――彼は一九八一年に書肆風の薔薇を創業し、九一年に社名を水声社と改称しています。

宮下　そうでしたか。僕が弓立社を始めたのは一九七二年だから、そのほぼ十年後ということになるわけですね。

――宏さんは七〇年代初頭に日仏学院で、徳間書店時代の宮下さんに出会い、大きな影響を受けた三人の編集者のうちの一人だと語っていました。

宮下　あとの二人は誰なのかな。

――『現代思想』や『エピステーメー』の編集者を経て、やはり八六年に哲学書房を興すことになる中野幹隆、それから『海』や『マリ・クレール』の編集者を経て、九二年にメタローグを立ち上げ、書評誌『リテレール』を創刊した安原顯です。

宮下 僕だけが異質だね。

―― でもこうしてあらためて時系列を追ってみますと、弓立社の宮下さんを追うように、鈴木、中野、安原さんたちが続いて出版社を興したともいえると思います。

宮下 ちょっとそこら辺がわからないところなんだ。外部の目と自己評価が別だというのはよくわかるけれど、僕も弓立社の出版物も時代状況に寄り添うようなかたちで変わっていった。それに対して、かなり批判された。

―― 八五年の『東京女子高制服図鑑』の出版からですね。

宮下 そうなの。それから、『テレクラの秘密』。吉本隆明の本を出していたのに、こんなものを出すとはどういうことだという批判です。

―― 私が宮下さんと知り合った頃、次に『東京女子高制服図鑑』を出すんで、おそらく総すかんを食うだろうといってましたものね。

宮下 それらもあって、弓立社が他の出版社より優れたというか、範になるような出版社だという意識をほとんど持っていなかった。これが正直な現実認識だった。

3　弓立社のイメージ

――それもよくわかりますが、弓立社のイメージはすでに七〇年代に確立されていて、それが原イメージとなって、我々の世代まで引き継がれてきた。だから中野や安原も弓立社と宮下さんを意識していなかったはずがない。

水声社の鈴木宏さんの言によれば、処女出版として吉本隆明講演集『敗北の構造』を極小の鈴木書店一社を取次として刊行し、数万部を売るという小出版社としてはベストセラーになったこと、それから本に弓立社通信「風信」がはさまれ、読者に対しての呼びかけに加え、原価計算なども説明公開されていたことが強い印象を与えた。つまりまったく新しい出版社が登場し、しかも吉本本でベストセラーを出したというイメージですね。

宮下　そうですね、取次の選択としての鈴木書店問題と「風信」がかなりの影響と波紋を後続の出版社と読者にもたらしたことはわかります。

――ここにいる論創社の森下さんだって、「風信」の影響を受け、「論創通信」を出している。それからこれは私の場合ですが、まだ二十歳そこそこの学生で出版業界のことは何もわからなかったけれど、タイトル、及び吉本の「あとがき」にあった、この十八編からなる講演集は宮下さん自らが会場に出向き、テープレコーダに録音した「執念の産物」だという記述はずっと記憶に残るものでした。
『敗北の構造』の出版に関しては後で宮下さんに語ってもらうつもりですが、とりあえずはこんなラフスケッチで、我々から見た宮下さんと弓立社の特異な位置が伝わるのではないかと思っています。

宮下 それは僕にしてみれば、有り難いことだけれど、買いかぶりなんじゃないかという気もする。また一九八〇年代になると、出版物も変わってくるから、そういった好意的なイメージは急速に後退していった。

4 八〇年代末から九〇年代初頭の出版と時代の変化

―― 私もそれが気になっていて、月曜社の小林浩さんに確認してみた。彼は六八年に生まれて、八〇年代末から九〇年代初頭にかけてが大学時代だった。

宮下 僕は会ったことがないな。

―― 小林さんは未來社や作品社などを経て、二〇〇〇年に現代思想の翻訳書や写真集をメインとする月曜社を立ち上げている。

宮下 ああ、そうなんですか。

―― それで小林さんに弓立社のことを聞いてみたわけです。そうしたら、自分たちの八〇年代はもはや宮下さんや弓立社、それと吉本隆明の時代ではないという。それならどういう時代だったのかと尋ねたところ、浅田彰や中沢新一のニューアカデミズム、書店はリブロの今泉棚、雑誌は福武書店の『批評空間』、サブカルであれば太田出版の『クイック・ジャパン』だという答えが返ってきた。

宮下 『批評空間』はピンとこないけれど、『クイック・ジャパン』というのはわかるね。

―― もう青土社の『ユリイカ』や『現代思想』、朝日出版社の『エピステーメー』ではなく、時代も変わりつつあったということなんでしょうね。

それと小林さんに聞いてとても勉強になったのは、大学がものすごく変わったということです。宮下さんから我々の世代までは大学内部の人脈でサークル活動や学生運動が営まれ、その延長線上でアルバイトなどもやっていた。ところが小林さんの世代になると、バブル経済の進行とともに外部のバイト人脈、つまり金儲けの人脈のほうが上になり、サークル活動と学生運動は衰退に向かう。それが小林さんが大学生活を送った八〇年代末から九〇年代初めの動向であり、時代と大学の変わり方だったようです。

宮下　吉本さんの『マス・イメージ論』はそうした八〇年代における社会の変容を先駆けて論じたものだと思う。これは「現在」という巨《おお》きな作者は何者なのか、それがもたらすマス・イメージとしてのカルチャー、サブ・カルチャーを問わないそれぞれの「制作品」＝「全体的概念」とは何かを論じている。『マス・イメージ論』は『海燕』八二年三月号から八三年二月号に連載され、単行本化されたのは八四年七月ですから、その月曜社の小林さんの大学生活の変容を予測しているような含みもあるんじゃないかな。

――私も同感です。『マス・イメージ論』の最後の章の「語相論」で、山岸凉子、つげ義春、大友克洋、岡田史子《ふみこ》、萩尾望都《もと》、高野文子のコミックが論じられている。

出版業界において、コミックが全盛となっていくのが八〇年代で、大手書店チェーンもそれまでなかったコミックコーナーを設けるようになり、大学生協でも『週刊少年ジャンプ』などを置き始めた。このように書店売場にも七〇年代と異なるサブ・カルチャーの時代がまさに出現していた。

宮下　吉本さんは二人の娘さんを通じて、それらのことを知っていたし、理解もしようとしていた。いうまでもないけれど、この二人の娘さんとは後の漫画家のハルノ宵子《よいこ》と作家の吉本ばななです。だからこの時代にあって、娘さんたちが吉本さんに大きな影響を与え、それが『マス・イメージ論』の「語相論」に強く反映されていると見ていいでしょう。

――当時、宮下さんはさかんにそのことをいっていましたね。

5　今世紀における吉本隆明の受容

それから付け加えておきたいのは、今世紀に入ってからの吉本本に関するエピソードで、私も後で知ったのですが、二〇〇五年に出された『13歳は二度あるか』（大和書房）が静岡県の「中学生向夏休み推せん図書」に選ばれている。

宮下　それは僕も初耳です。あの本は『中学生のための社会科』（市井文学）と同様に、「幻想の」中学生を読者としたものだから、本当に「推せん図書」や「課題図書」になってもおかしくはないけれど、実際に選ばれていたとは知りませんでした。ということは他県でもあるだろうし、吉本さんが前世紀と異なるかたちで受容されていることがわかる。

――でもその一方で、これもまた驚くことでもないかもしれませんが、次のようなエピソードを聞きました。高校の国語教師を務めてきた私の友人が停年退職を機として、国語授業ノートを出したいといってきた。それで論創社にそれをお願いし、上梓の運びになった。友人は新聞に紹介してもらおうと考え、地方紙の他に全国紙の支局の記者に連絡し、取材を頼んだ。その本の最初の一文は吉本の詩の『固有時との対話』に関するものだった。三十代の記者がやってきて、取材してくれたのはいいけれど、吉本隆明って誰ですかといったので、本当に驚いてしまった。ジャーナリズムにしてもここまできたかと思ったそうです。

宮下　でも三十代の記者だったらしょうがないよ。まさにそういう時代状況にいることは間違いないし、僕なんかはその吉本さんと併走してきたわけだから、やはり弓立社も含めて忘れられて当然かもしれない。それに弓立社も友

人・小俣一平に、無料で譲ってしまったことだし。

――そう、これは断っておかないといけませんね。宮下さんは弓立社を譲られ、二〇一四年に弓立社名で小和田次郎（原寿雄）の『デスク日記』が復刊されていますが、宮下さんとはもはや直接の関係はない。

ただそうした中でも、現在宮下さんは筑摩書房の『吉本隆明〈未収録〉講演集』全十二巻の企画編集者であり続けていますし、また論創社の吉本の『「反原発」異論』にしても同様です。『吉本隆明　質疑応答集』全五巻、『吉本隆明未収録対談集』全五巻も論創社で出されようとしている。『アジア的ということ』も出されるようです。全部で二十数冊になるし、吉本の生前に弓立社で出したものより多くなると聞いています。それらのことは宮下さんが吉本との関係をコアとして、半世紀以上にわたって編集者兼出版者としての生活を持続させてきたことを物語っています。

あえてこのような状況の中で、宮下さんの戦後社会から現在に至るまでの軌跡をうかがっておくことはとても意義のあることだと考えています。その一方で、我々がベースとしてきた出版を中心とする文化構造も解体の時期にさしかかっていることも間違いない。今はその過程にいるし、その来し方というのをたどってもみたい。ちょっと長いイントロダクションになってしまいましたが、本題に入っていきたいと思います。
ところでその来し方ですが、宮下さんが神戸生まれで愛媛育ちだということは、色々と資料を送って頂き、あらためて知りました。それらの資料は読んでいた記憶がありますが、宮下さんの自宅が西日暮里ということもあって、そのことを失念していた。

6　神戸生まれの愛媛育ち

宮下　僕は昭和十七年に神戸の東灘区に生まれ、三歳の時に愛媛に移り、そこで育ち、高校を出るまで過ごしています。

――ということは一九四二年生まれで、本シリーズ18『小学館の学年誌と児童書』の野上暁さんが四三年なので、ほぼ同世代ですね。

宮下　そうそう、彼は同世代です。17『週刊読書人』と戦後知識人』の植田康夫さんはちょっと上になる。その植田さんが島根の山奥育ちだとしたら、僕のほうは田舎の海岸育ちです。南宇和郡西外海村（現・愛南町）福浦といって、本当に何もないところだった。子どもの頃は隣町というか、郡の中の大きい町にいくには船で渡っていた。十人乗りぐらいの船です。バスが通るようになったのは中学生になった時で、もちろん本屋もなければ図書館もない。まさに田舎そのものだった。

――どうして神戸からその田舎へ移ったのですか。

宮下　神戸の大空襲で家に不発の焼夷弾が落ち、親の郷里に疎開し、築百年の農家の母の実家に住むことになったのです。それで都市と地方のギャップを味わった。三歳の頃なんでほとんど意識していないはずなのに、それがあるんですよ。中学になるまでずっとあった。

これが僕のコンプレックスを形成する要因だし、長じて文学に関心を持ち、出版に携わるようになったことにもつながっていると思う。

――それを具体的にいいますと。

宮下　僕が泳げなかったこともそのひとつで、まあまあ泳げるようになったのは小学校五年の時、普通に泳げるようになったのは大学に入り、水泳教室に通ってからのことです。これは相当大きかった。他にも都会と田舎のギャップは大きかった。みんなと外でも普通に遊んでいましたが、小学生なのに、自意識過剰でした。暗かったとも言えます。

そういうこともあって内向的になり、小さい時から本を読むのが好きになっていく。

『少年クラブ』や『冒険王』などの雑誌、漫画、祭りで買った立川《たてかわ》文庫などの講談本を読んでいた。これらは周りの子どもたちも同じく読んでいたけれど、僕の場合、父が戦前に国語漢文教師だったこともあって、『万葉集』『古事記』『日本書紀』から『唐詩選』『史記』といった古典があった。読まなかったけど雰囲気は伝わっていた。父は明治十七年生まれ。石川啄木、大杉栄、北一輝などと同世代で、江戸時代がまだ真近かの世代です。橘曙覧、大隈言道という江戸後期の近代的な歌人を好んでいて九十九歳で死ぬまで橘曙覧だけをくり返し読んでいました。注釈も一冊分書いています。僕が石川啄木を読むようなものなんでしょうね。僕は五十七歳の時の子で一世代飛ばしているので、変な感じですけど。

旧制中学の国語の教科書は面白かったですね。巌谷小波の『大語園』、『大町桂月全集』などの蔵書があってそんなのをのぞいていた。大町桂月を読む小学生というのは相当変ですね。活字であれば何でもよかったし、総ルビ本も多かったので、それらを子どものくせにむさぼり読んでいた。

―― そこら辺の読書体験は世代差もありますが、私などとまったく違いますね。

宮下 そうでしょう。こういう読書をしていたので、地元の連中に違和感を持ってしまうのは当然だった。表面的にはうまく付き合い、級長もやったりしていましたが、内面的には優越感と劣等感が混じり合ったコンプレックスが渦巻いていた。

―― 田舎におけるよそ者のアンビヴァレンツなコンプレックスということになりますか。ところでそれが小学校の読書体験だったとすれば、中学時代には何を読んでいたのでしょうか。

7 中学時代の読書、及び先生との出会い

宮下 中学になって初めて現代文学にふれたことになるのかな。まず中学へ入った頃、従兄の家で角川文庫全二十七巻からなる中里介山の『大菩薩峠』を発見し、一日二冊ぐらいのペースで二週間ほどかけて読んだ。これは挿絵が入っていました。

―― 角川文庫版の『大菩薩峠』とは懐かしい。グラシンカバーとグリーンの帯だけのもので、私もやはり中学時代に二十巻まで読みました。

宮下　それからこれはここに論創社の森下さんもいるわけだから付け加えておくべきでしょうね。僕はこれまで三度読み返しているけれど、論創社の都新聞版『大菩薩峠』が出るまで、連載時のほぼ三分の一が削除されていたことに気づかなかった。挿絵が全部入っていることも凄い。

――それは私も同様で、今まで多くの『大菩薩峠』論が出されてきましたが、誰もそれを指摘しておらず、まさにそこが盲点だった。この分野におけるテキストクリティックとヴァリアント問題を考えさせられました。

宮下　僕は吉本さんの講演原稿が初校から決定校に至るまで、実際にどのように手が入り、変わっていくのかを目の当たりにしている。ところが中里介山は単行本化するために逆に削除だけを施したことになる。でもそれはストーリーの流れの中で、不自然なところはあっても読者には気づかれないままに一世紀が過ぎてしまっていた。

――本当にそれは驚きで、自分たちがどう読んできたかという問い掛けにもなってしまうし、介山自身が出版に当たって、作者、編集者、出版者を兼ねていたことがその原因といっていい。

このことも話しているときりがありませんので、『大菩薩峠』に続く中学時代の読書体験のほうをうかがわなくては。

宮下　やはり中学の図書室の存在が大きくて、そこには河出書房の『現代日本小説大系』や筑摩書房の『現代日本文学全集』があって、これらを読み始めた。

――河出の『現代日本小説大系』はB6判で全六十五巻、筑摩の『現代日本文学全集』はA5判で全百巻、前者は一九四九年、後者は五三年から刊行され始めているので、宮下さんの中学時代には両方とも完結していた。だからこれらの恩恵に浴することができたことになりますね。

宮下　ただ筑摩のほうは全巻は揃っていなかったんじゃないかな。やっぱり最初の河出のほうが小型だし親密感があった。筑摩は三段組でしょう。これは少しキツイ。それに加えて幸いだったのは中学三年になって、明治学院英文科出身の高橋高道先生との出会いだった。英語の先生だったけれど、文学青年で多くの本や雑誌を持っていたので、女の子たち数人と英語を教わるために入り浸るようになり、初めてサルトルの『嘔吐』やカミュの『異邦人』『カリギュラ』、ラディゲといった現代の海外文学を教えてもらった。それだけでなく、先生の生き方から伝わってくるデカダンス的な雰囲気にふれ、僕の長きにわたるコンプレックスから解放されたようにも思った。太宰治やドストエフスキーを本格的に読み始めたのも先生の存在がきっかけだった。

――じゃあ、その先生が宮下さんにとって、吉本隆明の今氏乙治に当たる人だった。

宮下 そういっていいかもしれないし、一番大きな影響を受けた。その先生を通じて太宰とドストエフスキーを読み、僕の思考や感性のベースになった。単純にいうと、善悪の問題において、所謂善が悪になり、また悪も善となりうるということを先生と二人の作品から学んだことになる。吉本さんの登場まで、これが僕の基本でした。

――その先生のことを歌った短歌が旺文社の『中学三年生』に木俣修選で入選したと仄聞していますが。せっかくですから、ここで詠んでみてくれませんか。

宮下 よく知っていますね。それは「新任の前歯の一つなき先生三十五歳とその年を云う」で、時計をもらった。でも不思議というか、僕にも謎なんだけど、それ以来一度も短歌を作ったことがないのですよ。それに先生は二十五歳でした。

――いってみれば、期間限定相聞歌みたいなもので、先生と訣れたら作れなくなったのかもしれませんね。

宮下 そうともいえるかもしれない。訣れで思い出したけれど、先生からは中学卒業記念として『カラマーゾフの兄弟』をもらった。僕の蔵書で今も残っている一番古い本です。
もちろん思春期ですから、これらの高級な本ばかりでなく、漁村だったので、漁師が持ちこんできたエロ雑誌や倶楽部雑誌の類も読んでいた。そういう読書の名残りは現在でも漫画好きとして残っています。

8　高校、寄宿舎、数学の先生

――それから次は高校ですね。

宮下　一九五七年に南宇和高に入学する。高校は郡内に一つしかなく、通学できる距離じゃなかったので、寄宿舎に入った。この寄宿舎生活は自由で、初めて家庭から離れた解放感を味わった。そうした快適ともいえる自由を先輩や同級生、下級生と共有していることから、寄宿舎には一体感があった。

――ちょっとそれは一九五〇年代後半に寄宿舎生活を体験したものしかわからない特殊なニュアンスがあるんでしょうね。私は宮下さんより九つ下なんですが、自分の時代感覚として、一九六七、八年に社会が目に見えて変わっていったと認識している。でも自分のいた場所もあり、その皮膚感覚を含めたニュアンスを伝えるのは難しいと実感しているので、その気持ちはよくわかります。

それはともかく、高校に入って読書のほうはどうだったんですか。

宮下　これも僕の変なところかもしれないけれど、大正教養主義にひっかかってしまって、阿部次郎の『三太郎の日記』や河合栄治郎の『学生と教養』、西田幾多郎『善の研究』、出隆『哲学以前』などを読んだ。また、唐突だけど、ニーチェを読むようになった。ランボーや小林秀雄、中原中也、立原道造、萩原朔太郎なども読んだ。梶井基次郎も好きでしたし、室生犀星にはかなり傾倒しました。また、戦後のいわゆる無頼派は好きでしたね。

――やっぱり高校の図書館で借りたのですか。

宮下　ところが高校になると、これも変だけど、図書館にいかなくなった。町には本屋が二軒あったが、めぼしい本は置いておらず、蔵書家が周りにいたわけでもない。だから自分なりに集めた乏しい冊数の本を読んでいた。高橋先生は同じ高校の町に転勤で変わっていたけど、なにか問題をかかえているようで、あまりかまってくれなくなっていた。

一方で中学までは何とか優等生で過ごしてきたけれど、高校は一学期から数学で赤点をもらう始末になってしまった。とにかく数学嫌いで、授業時間には公然とニーチェなどを読んでいた。でも二年の時の数学の先生は一言も注意したりしなかった。それは上野行徳先生といって、まだ二十五歳くらいで華奢な身体の人だった。

その先生が寄宿舎を訪ねてきて、池の方に散歩しませんかと誘われた。当然小言でもいわれるかと思い、雑談しながらついていった。そうしたら、「あなたは数学が嫌いですか」と小さな声でいわれた。それで僕が「嫌いです」と答えたら、何か泣きそうな顔をしてたけれど、何もいわず、そのまま二人で黙って帰ってきた。僕はあの先生が一番好きだね。先生としていいイメージの典型だと思う。小学生から大学生にかけて、多くの先生にふれてきたが、僕の中でのいいイメージの先生というのは中学の英語の高橋先生とこの数学の上野先生の二人に尽きる。上野先生の僕に対する扱いは教育の本質を体現しているように感じられた。もっともこれは僕の自分勝手な思いこみかもしれないが。

―― 宮下さんが編集者となり、本を出したら愛読者カードを送ってきた先生がいたと、かつて書いていたと記憶していますが、それが上野先生ですか。

宮下 いや、それはちがう人です。大西貢という、三年の時に赴任してきた国語の先生で、この人はできる人だとすぐにわかった。でも僕は好きじゃなかった。要するにかもし出す匂いでわかるんですね。これは後で判明したことだが、新日文（『新日本文学』を発行する新日本文学会）の会員で、谷沢永一の弟子筋に当たる人だった。『近代日本文学の分水嶺―大正文学の可能性』（明治書院）という著書があります。

僕が徳間書店の時に橋川文三さんの最初の版『現代知識人の条件』を出した。するとこの人から読書カードがきて、名前と独特の書体ですぐにわかった。その時はそのままにしていたが、弓立社を始めてからも読書カードがきたので、一応教え子の宮下ですと挨拶を送った。そうしたら文通したいといってきたけど、高校の時の印象が強いし、文通は一、三回で終わった。

――我々もそうですが、宮下さんならではの好き嫌いというか、著者や読者との相性というものが出版のみならず、色んなところに反映されてしまう。それが弓立社の魅力でもあったわけですが。

宮下　魅力云々はわからないけれど、先のお二人ではなく、こっちの先生についてちゃんと勉強していれば、またちがう人生になったかもしれないが、それは無理だったでしょうね。この人は後に愛媛大学の教授になっていることからもうかがわれるように、優秀でしたが、デカダンスの匂いがなかったですね。それは僕にとって文学においても人生においても大きな意味をもっていますから。四角四面な文学みたいな感じがありました。大正文学が専門というような人だから。まあ、自分の素直でない性癖ゆえにずいぶん損をしたし、回り道もしてきたことだけは確かです。

――宮下さんの中学や高校のことをうかがっていて、学校や先生のことに関しても、かなり古典的な教養課程という印象を受けました。優れた先生体験というのは今や神話みたいなものになっているんじゃないでしょうか。やはり五〇年代ならではの投影を感じます。

第Ⅱ部

9　学習院大フランス文学科へ

——ところで学年は進み、大学受験ということになるんですが、そこら辺の事情はどうだったんでしょうか。

宮下　前にもいったように数学はまったく駄目だから、国立ではなく、私立を受けるしかない。私立三科目のうち、国語と日本史には自信があったが、英語はどうしようもなかった。田舎の高校だし、今のような進学ケアもないし、二年での数Ⅰの二単位をとれなかったから就職コースに入れられた。このコースの英語の先生は全くたよりにならない。それで英語の受験勉強に一所懸命取り組むしかなかった。学科はフランス文学科に決めていた。

——中学生の時にサルトルの『嘔吐』やカミュの『異邦人』を読まれていたことから、ずっと外国文学を手放さず、フランス文学科を選んだわけですか。

宮下　手放さなかったというほどでもないけど、中学生の時に漠然とイメージしたこともあり、それにドストエフスキーとニーチェが加わっていた。でもロシア文学やドイツ文学という発想はなかったし、外国文学を多く読んだかというと、それほどでもない。あとは太宰や小林秀雄がフランス文学科だったことも作用しているかもしれない。

ちょうどその頃、『蛍雪時代』に東京の私大フランス文学科の教授陣のことが詳しく掲載されていた。教授の魅力からいえば、福永武彦や白井健三郎などの若手が揃っている学習院、歴史の古さからいえば、新庄嘉章がいた早稲田、講師陣の多彩さからいえば、明治大学だった。慶應は初めから頭になかった。

―― この「出版人に聞く」シリーズ4『リブロが本屋であったころ』の中村文孝さんが明治のフランス文学科で、佐藤正彰、中村光夫などの豪華メンバー教授陣のことを語ってくれました。

宮下 そうか、中村さんは明治だったものね。ただ僕のほうは明治はパスして、早稲田と学習院を受け、早稲田は落ち、学習院に入学することになった。

―― その受験のための上京ですが、新幹線がある時代ではないので、植田康夫さんはそのまま東京にずっといて、田舎に帰らなかったといってました。

宮下 それは僕も同じだ。二月に受験のために上京した。そうしたら東京が面白くてたまらない。それでもう帰る気はしなかった。

――何が一番面白かったのでしょうか。

10　古本と六〇年安保

宮下　それは古本ですね。古本屋の店頭の均一本というのを初めて見た。太宰、坂口安吾、織田作之助、伊藤整といった僕好みの所謂戯作派の作家たちが十円均一で売られていた。これは全部中学以来の好きな作家でした。田舎では想像できない光景で、見ているだけでも楽しくなった。金があるだけ買いまくりました。

――その気持ちはものすごくよくわかります。私も上京してきて、早稲田の古本屋で『血と薔薇』が三冊千円のゾッキ本として平積みで売られているのを見て驚いてしまい、これが東京なんだと思いましたから。地方と東京における本の入手格差はものすごく大きかった。

宮下　僕は中目黒にいたので、中目黒から渋谷に出ることが多く、詩専門の中野書店とかによく通ったものです。

――肝心の大学のほうはどうだったんですか。

宮下　それはこちらもまだうぶだったから、念願のフランス文学科に入ったわけだし、フランス語をやるぞと思い、学校が始まる前に入門書を買い、独習をしていた。ところが四月になって大学にいったら、六〇年安保の真っ只中だった。僕は田舎でずっと過ごしていたし、当時テレビはまだ普及していないし、新聞も読んでいない。ラジオも聞いておらず、まして文学少年だったから、何の政治的関心もなかった。

教室に入ると、すぐに誰かが入ってきて、今からクラス討議を始めるといって、教師は出て行き、何か訳のわからない話になるので、すぐに出てきてしまった。次も同じような行動をとったら、あいつは右翼じゃないかといわれるようになり、それで押し通してしまった。だから僕の場合、六〇年安保はかすりもしないわけです。

――学習院でも安保闘争が盛り上がっていたとは意外な気もしますが。

宮下　学習院の場合、清水幾太郎という大スターがいて久野収も白井健三郎もいたことで、これがものすごく影響を与えていたようです。聞いた話ですからはっきりはしませんけど、学習院から二千人のデモ隊が出て行ったといいます。全部で四千人しかいない大学なのに。

でも僕はまったく関係ない。そうして夏休みに入り、九月になって学校にいったら、まったく変わって、もうみんな勉強しているわけです。この変わりようは嫌でした。何なんだという感じです。もうフランス語の勉強も遅れていた。それで学校にもいかなくなり、クラスにも顔を出さなくなった。代わりに古本屋や図書館や映画館を回って過ごした、というのが僕の六〇年体験です。その頃、同じような行動をとる同級生に新井文吉という在日の人がいた。相当なサルトルかぶれだった。唯一、彼とだけよく話した。彼の影響で僕もサルトルをよく読んだ。本当に好きだったのはカミュのほうだったけど。彼の故郷の大館へも一緒に行き、ここで就職するのも良いな、などと思った。彼は大学生の頃、自殺し、大量の書きためたものは、これがこの子を殺したんだといって、お母さんが燃やしたそうだ。後年、お悔やみに行く途中で、会津若松の川上春雄さんを訪ねたりした。

―― それに東京体験が重なる。学校にほとんどいかなかったとしても、少しはフランス文学科体験というのもあったでしょう。

宮下 それは全くないといっていい。

―― 篠沢秀夫とか豊崎光一はもういたんですか。

11 『日本読書新聞』と吉本隆明が僕の学校だった

宮下 いや、二人とも僕の時にはいなかったから、フランスに留学していたんじゃないかな。白井健三郎の『存在と無』の講義は何回か出、仏文じゃないけど清水幾太郎のバクーニンの『神と国家』の講義も数回聞いた。それくらいですね。体験といえば、僕の場合は『日本読書新聞』で、この新聞と吉本隆明が僕の学校だったね。

――「出版人に聞く」シリーズ16『三一新書の時代』の井家上さんも同じような意味のことをいってました。それに加えて、『日本読書新聞』を読むことで企画やそのヒントを得たし、同伴するような関係にあったようです。

宮下 僕は六〇年九月くらいから『日本読書新聞』を読み出したんです。そこに吉本さんとか、谷川雁、埴谷雄高、橋川文三などが出ていて、それらを読んでいるうちに、つられてそれらの人たちの本を読むようになった。その中でも波長が合ったのは吉本さんで、そこから講演を聞きにも行き始めた。

―― 植田さんは五八年に創刊された『週刊読書人』のほうの愛読者で、念願かなって六二年に入社している。やはり当時から書評紙のカラーの違いというのは明確にあったんでしょうか。

宮下　『日本読書新聞』と『週刊読書人』はずいぶん違っていて、温度差といったらいいのかな、『週刊読書人』はかなりおとなしい印象があった。

――　私も『週刊読書人』は不二出版から復刻が出ているので、一九七〇年代までは全部読みました。その印象ですが、文芸と左翼とジャーナリズムのバランスがよく取れているんじゃないかと思いました。日書連との関係もあるから、中庸のバランスも必要とされたんでしょう。ただそうはいっても、反体制的スタンスとその色彩は明確で、今のジャーナリズムとは一線を画している。

宮下　それはよくわかります。

――　ところが『日本読書新聞』のほうは復刻されていないし、残念ながら合本の実物を見る機会を得ていない。そこでこの際だから、宮下さんに『日本読書新聞』について、体験的に話してもらおうと考えていました。

宮下　『日本読書新聞』の第一の特色というのは隅から隅まで読めるというか、読んでしまう新聞だった。「読者の声」といった投稿に至るまでがすごく面白い。

僕は深夜叢書社の斎藤愼爾じゃなくて、もう一人の尾形尚文と付き合うようになるのだけど、彼とはそのコラムを通じて知り合った。だから投稿やコラムまで全部読むところがあった新聞だった。

―― 六〇年前後の『日本読書新聞』を読む経験を得ていないので、当て推量でいいますと、時代と新聞や雑誌が絶妙に合致し、その時期にしか持ちえない熱気と充実性を孕んでいたということなんでしょうか。

宮下 そういっていいと思う。

―― それから森下さんから聞きましたが、『日本読書新聞』も『週刊読書人』も主な駅のキヨスクで売っていたようですから、これも今では想像すらできない話です。駅でも買えた書評紙の時代というものを。

宮下 本当にそうだね。僕もほとんど毎号のように買っていた。どこで買っていたのか覚えていないけど、キヨスクでも気軽に買えるような時代だったことも反映している。そして『日本読書新聞』を読むことを通じて、次第に左翼になっていくわけですよ。要するにマルクスやレーニンを読まずして左翼になっていくという経路をたどった。

―― なるほど、十九歳の宮下青年に『日本読書新聞』はかくも大きな影響を与えたことになる。

宮下　それも吉本左翼というべきもので、読んでいくうちに谷川雁や埴谷雄高は後退していって、吉本さん一本になっていく。

――まさに『日本読書新聞』は宮下さんの羅針盤、しかもその後五十年の方位を決定する役割を果たした。

12　六〇年の吉本本出版状況と詩の時代

宮下　本当にそうですね。それが六〇年秋で、吉本さんの本はまだ共著が一冊、単著は四冊しか出ていなかったので、すぐに読んでしまった。年代順にいうと、五六年の武井昭夫との共著として『文学者の戦争責任』（淡路書房）、五七年の『高村光太郎』（飯塚書店）、五八年の『吉本隆明詩集』（書肆ユリイカ）、五九年の『芸術的抵抗と挫折』と『抒情の論理』（いずれも未來社）です。このくらいしかなかった。

――何かあらためて聞くとすごい。そうか、まだそれしか出ていなかったのか。

宮下　すごいでしょう。本としてはまだこのくらいしかなかった。

五冊だけだから、読者としては本当に物足りないわけだ。

――それもよくわかります。

宮下 そこで、他にもあるだろうと考えるようになり、古本屋や図書館を回って色々と探していくことになる。

――ところでその頃はまだ私家版の詩集『固有時との対話』（五二年）や『転位のための十篇』（五三年）は入手可能だったんですか。

宮下 『固有時との対話』と『転位のための十篇』は古本屋で何度か遭遇している。ところが高くてね、桁が違うんです。いくらくらいだったか覚えていませんが、いつも高かった。いつめぐり合っても買えなかった。

――私は一度も現物に出会っていませんが、そんなに高かったんですか。

宮下 六〇年当時の古書価としてはとんでもなく高かった。埴谷雄高の『死霊』（真善美社、四八年）が高い高いといわれながらも六百円だった。僕の月の送金が二千円の時代です。六百円でも高くて手が出せないという時代にそれよりも高かったわけだから、いかに高かったかわかるでしょう。それらはユリイカ版に収録され、読むことはできましたから、僕には必要なかった。

―― その話で思い出したんですが、七〇年代までは古本屋で戦後の詩集はかなり高く売られていた。もちろんそれらが限定私家版や少部数の初版だったことにもよっていますけど、その頃までは詩の時代だったことを示しているんじゃないでしょうか。

それに新潮社、中央公論社、角川書店にしても、詩の全集を出していたし、弥生書房や白鳳社なども詩のシリーズを刊行し、思潮社も現代詩文庫を創刊している。だから我々の時代までは詩があり、小説があり、評論がありという読書環境だった。ところが今の四十代ぐらいの人たちの話を聞くと、詩というものはまったく読書対象ではなくなっているようなんです。

宮下 詩がない。そうかもしれない。

―― 象徴的なのは『本の雑誌』で、詩や詩集に関する記事はほとんど見かけない。詩に表象されるのは言葉やイメージに対するこだわりですから、どうもそれがないと、本や雑誌も細ってくるような気がする。

宮下 前述したように、中高生向きの学年誌には必ず詩や短歌の投稿欄があったし、僕も投稿したのは一度だけだが、読むだけは読んでいて、常連の名前を見つけ、ファンになったりもした。でももはやそういう時代ではないだろうね。

―― 友人の詩人で、やはりそうした投稿者であった池井昌樹の言によれば、書いているうちは詩だと認識しているけれど、本になると腐っていくような気がすると。これは詩や詩集の現在を象徴しているのかもしれません。

宮下 僕は八三年に北川透『魔女的機械』とねじめ正一『脳膜メンマ』の二冊の詩集を同時に出しています。これらの二冊はそれまでの神棚にまつられるような上品な詩集と異なり、内容に見合った猥雑でいかがわしい造本で、詩集出版に風穴を開ける意図もありました。

―― 覚えています。何かサブカルチャーとしての詩の出版のような印象があり、これもまた弓立社の新しい試みなのかと思いました。

宮下 もちろん正統な詩の出版のほうから見れば、かなり反発もあったでしょうが、『魔女的機械』は千部つくって、完売。『脳膜メンマ』は八百部初版だけど重版までしたから、詩集としては売れたと考えていい。だからサブカルチャーとしての詩集を享受する読者も育ってきていると判断したわけです。

―― 八七年に俵万智の歌集『サラダ記念日』が百万部を売るベストセラーになるのですから、その判断は間違っていなかった。でもバブルの時代でもあり、いわば詩も短歌もストックではなく、フローとして消費されていく、そんな時代に入っていた。

宮下　それに反応したのが吉本さんの皮膚感覚でもあり、「左翼吉本」から、もっと広い場に出ようとしていたし、弓立社にとっては『言葉という思想』によって体現されたと思う。

――　消費社会が加速し、詩も小説もひたすら消費されていく中にあって、そのタイトルは「言葉」というものが依然として確固とした「思想」たりうることを示しているし、事実そのようにして読んだはずです。でもこの『言葉という思想』については後に詳しくうかがうことにして、中断してしまいました宮下さんの六〇年秋以後のことに戻らなければなりません。

13　社学同に入る

宮下　六〇年安保は遅れてきた青年みたいな感じでやり過ごし、九月頃から『日本読書新聞』や吉本さんを読み始めたところまでは話しましたね。

そうしたプロセスを経て、翌年の二月に社学同（社会主義学生同盟）に入るんですよ。それまでもおそるおそる接近していたけれども、まだデモなどには加わっていなかった。それがいきなり社学同に入ることになった。

――それは大学絡みですか。

宮下 そう、大学の中のサークルである現代史研究会というのはそのまま社学同でね。ここはかなり続いているサークルだった。メンバーは僕より学年が上なのは六人、同級生が女性一人、上は女性が二人。僕を入れて八人でした。目の前の部屋が社会科学研究会で革マルです。クロカン（黒田寛一）の妹の黒田和子がいて手強かった。

――それで本格的に学生運動に関わっていくことになるのですか。

宮下 そうです。六〇年安保が終わり、学生運動も完全に退潮期に入っていて、全都の社学同を集めても百五十人から二百人ぐらいのしょぼいデモしかやれない。早稲田の犯罪者同盟を名乗っていた平岡正明なんかがデモの先頭でマンボを踊っていたりした。そんなデモで、大した政治的テーマもなく、憲法改正、憲法公聴会阻止といったものしかなかった。

三年の時に憲法公聴会阻止のデモが広島であり、機動隊に押しまくられ城の空堀になぎ倒されるように突き落とされてしまった。その中に僕もいて逮捕され、完全黙秘していたら、大物扱いで、十日間も独房に留置されたこともあった。学習院にはパクられた時のノウハウなんかなかったんですね。帰りに京大に寄って塩見孝也に会ったりしています。美青年でした。今テレビで見ると、無惨な感じがします。自分のことをおいていうけど。その後から日韓闘争が始まっていたけど、四年になってからはほとんど加わっていない。

――「出版人に聞く」シリーズ18の『小学館の学年誌と児童書』の野上暁＝上野明雄さんも中大ブントで、日韓闘争に関わっていたようですが、彼ともその頃に知り合っているのですか。

宮下　上野さんと知り合ったのは徳間書店に入ってからで、学生時代ではない。出版反戦で一緒でした。でも味岡修＝三上治は社学同の頃から知っています。

――上野さんは味岡と親しかったと語っていたので、宮下さんもその関係で面識があったんじゃないかと推測していました。それに『いま、吉本隆明25時』の主催者の一人は三上でしたから。

宮下　中大ブントは叛旗派で、吉本さんの講演を通じて交流はありました。ただ、さっきもいったように僕は大学四年で学生運動をほぼ止めてしまった。

――それでもいくつかのエピソードはあるでしょう。

宮下　弓立社との関係でいえば、僕が社学同に入れた油谷遵のことですね。

――八四年に出された『マーケティング・サイコロジィ』の著者で、その後も『20世紀末・消費生活』や『ブランド・エイジ』の二冊が続いている。

宮下　この油谷はものすごく優秀な奴で、やはり熱烈な吉本主義者だった。清水幾太郎を慕って学習院にきていた。彼は一学年下だったけど、盛り立てなければと思い、油谷を文学部委員長、僕が副委員長ということで二年ほどやり、それから四年でほとんど手を引いた。油谷のほうは大学院に進み、様々な会社を渡り歩き、マーケティングリサーチの仕事にも従事し、その後ガウス生活心理研究所を設立するに至る。それでこの研究所の講義用ノート、及びテキストを兼ねるものが物凄く面白くそれを刊行することになった。

―― そういう経緯があったんですか。私は『20世紀末・消費生活』しか読んでいませんが、ここで著者が八〇年代に関して、「ポスト高成長時代」で、それが日本史上かってなかった「高度大衆消費社会」と「高度大衆教育社会」と定義していたことをよく覚えている。それは私が注視していた郊外消費社会問題とリンクしていたからです。だから私もこれが異色のマーケット調査レポートであり、著者も優秀だなと思いました。

14　吉本への関心と注視

宮下　そうでしょう。マーケティングに携わっている人たちにも評判は上々だった。

―― ところで、六三年頃に社学同からは離れるわけですが、吉本隆明に対する関心と注視は持続していたわけですよね。

宮下　それはもちろんです。

とりわけ『芸術的抵抗と挫折』における「マチウ書試論」や「転向論」、『吉本隆明詩集』「擬制の終焉」に魅せられたこともあり、それらが掲載された同人誌も集めていた。「マチウ書試論」は奥野健男、服部達、清岡卓行などを編集同人とする『現代評論』、「転向論」は井上光晴や島尾敏雄たちと創刊した『現代批評』が初出だった。これは全て集めました。それから単行本未収録のものが掲載されている『近代文学』や『映画評論』、『新日本文学』、吉本さんの学生時代の同人誌『大岡山文学』二冊なども古本屋で見つけたし、『日本読書新聞』や『週刊読書人』のバックナンバーは国会図書館や大学の図書館でコピーすることができた。

―― 吉本本人にも会っているのですか。

宮下 大学時代に二度お会いしています。一度は『試行』の申し込みにご自宅にうかがい、二度目は大学での講演の依頼にいっている。でも講演のほうは引き受けてもらえなかった。

―― ということは早くも六一年には吉本と面識を得ているわけですね。

宮下 そうです。『試行』の創刊が六一年六月ですから。それに吉本さんの講演も聞きにいくようになり、その最初は忘れもしない六一年十一月十九日の「戦闘の思想的土台をめぐって」という講演だった。これは吉本さんの講演タイトルというよりも、谷川雁、埴谷雄高の三人による講演・討論会のタイトルだった。「北九州労働者手をにぎる家建設期成会」、その「東京センター後方の会」が主催し、東京駅八重洲南口の国鉄労働会館で開かれたものです。

――後に『一橋新聞』に掲載され、徳間書店の『情況への発言』に収録される講演ですね。

15　反の会と自立学校

宮下　まさにそれですし、僕が初めて聞いた吉本さんの講演だった。それから翌年四月に吉本さんがサド裁判弁護側証人として証言するというので、これも裁判所に傍聴しにいきました。

また、反の会が開かれ、自立学校が始まり、それらでも吉本さんが講演していた。両方とも設立や運営に関して色々と詳細が不明だけれど、自立学校は六二年九月に開校され、八二回の授業、一一回の集会を行ない、講師だけで二五〇人、登録学生二七九人、延べ三五〇〇人の出席者を擁し、一年三ヵ月続けられたものです。ここで吉本さんも情況論や権力論など一〇回以上講義をしていたので、僕も欠かさず出席していた。

―― 早稲田大学の正門の横にある観音寺の講堂で開かれた自立学校については森秀人などが書いていますが、出版社なども絡んでいるのですか。

宮下 いや、ダイレクトには絡んでいないと思う。

それは事務局を担っていた松田政男が未來社の編集者だったこと、その背後に現代思潮社の石井恭二がいて、後押しするような感じに見られていたことから生じたもので、出版社とは別のかたちで、松田と山口健二によって運営されていたんじゃないかな。

出版社の後押しといえば、現代思潮社ばかりでなく、『日本読書新聞』もただで広告を出していましたから。これもそこにいた谷川雁の弟の谷川公彦、後の吉田公彦の意向によるものだったでしょう。

―― 吉田は後に日本エディタースクールを設立する人物ですね。

宮下 要するにそういったプロパガンダ関係もあって、自立学校は出版社のサポートによって成立しているように見えたけれど、そこに明らかに表出しているのはアンチ共産党という動きではないのかな。それだけ当時の共産党というのはソ連と中共を背景として、現在では想像できないような大きな存在だった。

それに対して社学同などの学生運動の退潮もあり、デモや大衆運動も同じだった。そんな状況の中で、自立学校と銘打って始めたわけだから、やはり共産党へのカウンターのように開校宣言もなされていた。汚穢屋とか船の船頭といった大衆が先生だと謳われていたけれど、実際はそうではなく、やはり全部が知識人で、聴衆だって基本的に大学生が中心だった。

16 山口健二のこと

―― 吉本、谷川、埴谷の組み合わせなども、我々の世代まではまだ想像できるけど、今の五十歳以下になると、彼らが一緒に登場していることに対してイメージが浮かんでこないようにも思われます。

宮下 本当に今になって考えれば、不思議なところがありますね。僕は自立学校に関して松田さんにはインタビューしているけれど、その盟友の山口健二という人はよく顔は知っているが、アナキストらしいということだけしか知らない。

―― この山口は戦後左翼の最もミステリアスな人物かもしれませんね。彼は『日本アナキズム運動人名事典』（ぱる出版）に立項されていますし、私家版として聞き書き『戦後革命無宿』（二〇〇〇年）も出されている。だがそれらを読んでもどこまで本当なのかよくわからない。アナキストでありながら社会党や共産党にも加盟し、反の会や自立学校を始めとする様々な運動、委員会、闘争に関わり、中国、東欧、パリにおいても多彩な活動を繰り拡げたとされ、一九九九年に亡くなっています。

宮下　アナキストと共産党の二股をかけているというのがまずわからない。それに中国の文化大革命時には林彪派に属していたらしいし、これもまったくよくわからない。

――　それから三島由紀夫の京大生の女子学生殺人事件を扱った短編「親切な機械」（『三島由紀夫短篇全集』3所収、講談社）のモデル、西木正明の小説『オホーツク諜報船』（角川書店）の情報提供者ともされている。また同じ西木の辻まことを描いた小説『夢幻の山旅』（中央公論社）の「あとがき」にはやはり情報提供者として実名が挙げられている。

宮下　ああ、そうですか。それらは知らない。

――　山口健二のことが目的ではないのですが、北冬書房の高野慎三さんに「出版人に聞く」シリーズに出てくれないかと、数年前に頼みにいったことがありました。宮下さんの吉本への講演依頼じゃないけれど、断られてしまいましたが。彼は漫画評論家の権藤晋で、それに北冬書房は山口健二遺稿集『アナルコ・コミュニズムの歴史的検証』（二〇〇三年）を刊行している。

おまけに高野さんは橋川文三門下で、『日本読書新聞』や青林堂の『ガロ』編集部を経て、北冬書房を設立し、コミックと評論の『夜行《やぎょう》』を創刊し、『つげ義春選集』全十巻も刊行している。

宮下　高野さんの北冬書房での山口健二とつげ義春の組み合わせは不思議な感じがする。また山口が関わったとされる反の会についても、松田さんにインタビューしてもよくわからない。ただアナキスト的潮流だという返事しか戻ってこないし、その内実に関してもよくわからない。それで山口の息子、つまり養子がいるから、そちらに聞いてくれということ。養子になった人はアナキスト山口の支持者で、その衣鉢を継ぐことを含めて山口姓をもらったらしいし、反の会のこともよく知っているんじゃないか、そんなニュアンスだった。

――その養子というのは高野さんと一緒に山口の遺稿集『アナルコ・コミュニズムの歴史的検証』を編んでいる山口智之という人ではないですか。

宮下　そう、その山口智之さんです。それでメールのやり取りをしたのだけれど、結局のところ、親の時代のことだからはっきりわからないわけだ。話の中で「老アナキストに聞いたところによると」というので、その老アナキストに紹介してくれないかと頼んだ。

それでこの人ともメールの連絡をしていたわけですが、そのうちに一度会いましょうかということになった。ちょうど古書会館でぱる出版の『大杉栄全集』刊行記念の会が開かれ、出席するので、そこにきてくれという。それでその老アナキスト白仁成昭さんに会った。この人は知っていますか。

――それこその白仁さんも山口の遺稿集の制作協力者として、ぱる出版の奥沢邦成さんと一緒に奥付に名前を連ねている人ですね。

宮下　そう。それで『吉本隆明〈未収録〉講演集』の月報に反の会についてのエッセイを書いてもらうことにした。やはり反の会は文章として書いてもらわないとよくわからないのです。そんなつもりで頼んだのですが、白仁さんは吉本さんのファンでもないし、反の会にも距離を置いているような感じがありあまりよくわからなかった。ただそのようにして証言を残しておかないとさらにわからなくなってしまうからです。

17　太田竜の晩年

――私もそれを実感しています。例えば、一九五〇年代には山口と密接な関係があり、トロツキストだった太田竜の晩年のことを考えると、一体何なのかという感慨に捉われます。

宮下　なるほど、ドラゴンね。

――ドラゴンは七〇年代に竹中労や平岡正明と窮民革命を唱え、それからアイヌ解放闘争や食の革命に向かい、晩年はユダヤ陰謀論の翻訳やセミナーに専念していた。数年前に知り合いの古本屋が、戦前のユダヤ陰謀論をコピーし、製本したテキスト類を段ボールに二箱ぐらい持ってきて見せてくれた。

それらを見ると、彼がセミナーを開き、一冊三万円とかで売っていたとわかる。そのユダヤ陰謀論は戦前の元牧師酒井勝軍や軍人四王天延孝たちが明らかに偽書『シオンの議定書』などに基づき、内外書房という出版社などから刊行していたもので、食の革命（マクロビオティック）にしても、やはりユダヤ陰謀論のイデオローグだった桜沢如一の唱えたものだった。そのようなレイシズム、それに連なるミソジニーもその底流にあるもののように見える。
どうしてこのような転向をしてしまうのか、それは戦前における所謂左翼と知識人たちの軌跡を反復しているようで、これは日本の近代のみならず、現在でも起きている宿痾のようなものではないのか。彼の例は極端かもしれないけれど、逆に晩年においても吉本隆明はそうしたイメージ的・思想的退行、及びスターリニズム的停滞もまったくなく、また山口的ミスティフィカシオンも見られなかった。それだけでも稀有のことだったように思えます。そういうことは必ず出版に反映され、残ってしまうことになりますから。

宮下 そこら辺の問題は奥深いし、戦後の学生運動にもつきまとっていたものだし、谷川雁なんかもそうした体質が強くあることは否定できない。

―― そこでこのような機会を得たことですし、スタジオ・ジブリの宮崎駿についてもうかがっておきたいと思います。彼は世界的アニメ監督として認められ、良心的知識人の典型のように語られている。その宮崎を宮下さんは大学時代から知っているわけですから。

宮下 宮崎さんは僕は風貌姿勢しか知らない。僕は先にふれた現代史研究会だけでなく、戯曲研究会や大学新聞部など色んなサークルに関わり、文芸部にも入っていたのですよ。

――吉村昭や津村節子などがかつていたところですね。

宮下 そうです。この文芸部はかなり大世帯で、大人数だから部室も大きい。その中にテーブルが二、三あり、五、六人の小さなサークルがあった。それが児童文学研究会で、その部長を宮崎さんがやっていた。

ただ宮崎さんは一つ年上で、親しくなかった。彼には民青の匂いをかいだ気がする。そんなに強い印象ではなかったが、要するにこの人は民青ではないにしても、民青風だなというニュアンスがあった。彼のアニメの中にもそれを感じるところがある。僕は彼のアニメの大ファンで何度も見返しますが。

――デモには参加していたのですか。

宮下 いや、どうだろう。よく知らない。僕たちの社学同のデモには来なかった。後に転形劇場を立ち上げる太田省吾はよく知っています。彼は僕より三つか四つ上だったが、戯曲研究会にいて、サークルの連中を連れて、社学同のデモにほとんどきていた。屈強な連中だから、いつも最前列ですよ。

――宮崎駿とジブリのことは徳間書店との関係もありますので、宮下さんからも聞いてみたかった。

第Ⅲ部

18　学研から主婦と生活社へ

――ところで学生運動から抜けたところまではうかがいましたが、お定まりの就職というのはどうだったんでしょうか。

宮下　これが面白いというか、おかしいというか、現代史研究会、つまり社学同の連中はみんな成績がよかったのよ。油谷を入れると九人になりますが、そのうちの四人が大学院にいき、一人は後に学部長にもなっている。僕ともう一人だけが成績が悪かった。それに気づいたのは卒業する時で、裏切られた気がして、ええ、お前らだって文学青年か政治青年なのに、そんなに成績がよくていいのかよといいたくなった。

――それでも出版社に入っているのですから、こちらもご謙遜をといいたくなりますが。

宮下　いや、最初の学研は就職活動をまったくしていない僕を気にして、姉が世話してくれたバイトです。これは百科事典の手伝いで、三月からいっていた。そうしたら五月になって、主婦と生活社が経験者募集をした。『週刊女性』の編集者だったけど、応募したら受かってしまった。これは今考えても変なのです。その試験の半分は実技で、レイアウトだった。つまり一枚の写真に対し、文章を用意し、一ページにレイアウトしろというものでした。

ところが僕はレイアウトをやったことがない。学生運動の時に大学新聞を乗っ取ろうとしたことがあって、実際乗っ取ったんです。そこに自分の書いたものを載せたり、色んな人たちに書かせたりしたことがあった。だから本来はレイアウトができていいはずなのに、やったことがない。それでレイアウトはできず、試験の半分はゼロで、最もよくても五〇点しかない。それでよく受かったものだと思う。数百人受けて、受かったのは二人だけだったのに。

―― どうして女性週刊誌の仕事に応募したのですか。

宮下　これは学研のバイトの時に誰かから聞いたのですが、編集を勉強したいのであれば、週刊誌が一番いい。それも記者ではなく、整理部が最も手っ取り早い。週一回、毎週出るので、編集実務の仕事を早く覚えることになるからだと。

そうしたことを聞かされていたし、それで週刊誌を狙っていた。そうしたら『週刊女性』の募集があり、入ったというわけです。

―― 面白いですね。六〇年代前半の出版業界は百科事典や女性週刊誌の進出が著しい動向で、宮下さんの仕事にもまさに反映している。それで週刊誌の仕事はどうだったのですか。

宮下 これは激務というのか、本当に大変だった。当時は週六日だったから、週三日は凸版印刷に直行直帰で、会社にいくのはやはり週三日。金曜一日は完全に徹夜仕事となる。土曜日も午前二時までかかる。それで二時を何とか十二時までにしようというのが目標となるほど、きつい仕事だった。だからみんながくたびれ果てた顔をしていたし、僕のほうもだんだん嫌になってきた。

そんな時に就業規則で、あることに気づいた。それを見ると、十二時以降の仕事分は日曜を挟んで翌々日まで有効で、その分は休んでいいとなっていた。それを援用すると、金曜日に朝の八時まで仕事をしていたら、月曜日は丸々休めることになるのを発見したわけです

―― それは入社してどのくらい経ってからのことですか。

宮下 半年ぐらいかな。ともかくそれを誰にも断らずにやり始めた。そうすると身体はとても楽になったけれど、それを続けているうちにだんだん息苦しくなってきた。

――とがめられたのですか。

宮下 いや、そうではなくて、誰も何もいわないわけです。上司も同僚も、編集長も整理部長も、誰も何もいわない。もっとも編集長は知らなかったと思いますが。だが誰も何もいわないだけに、かえって窮屈で息苦しくなってきた。それで十ヵ月勤め、失業保険をもらえるようになっていたこと、一応編集の技術も曲がりなりにも修得できたと思ったことのふたつが重なり、辞めることにしたのです。

19 徳間書店入社

――その週刊誌体験は徳間書店に入るにあたって役立ったのですか。

宮下 いや、徳間書店なんて聞いたこともなかったんですよ。それに徳間書店と『週刊アサヒ芸能』はまだ別会社で、徳間書店入社が『週刊アサヒ芸能』編集部に入ることを意味していなかった。徳間書店と『週刊アサヒ芸能』が合併したのはもっと後のことで、週刊誌を経験してから書籍のほうにいくというシステムになったのは僕の後でした。

――そういえば、佐々木崇夫の『三流週刊誌編集部』（バジリコ）は一九六六年のアサ

ヒ芸能出版社の入社試験のことから始まっていて、徳間書店は姉妹会社とされている。

宮下　僕が徳間書店に入社したのは六五年九月だから、彼は僕の半年後にアサヒ芸能出版社に入っていることになる。この徳間書店も経験者募集で入りました。僕にとってそのほうが成績が良いようですね。

ちょっと説明しておくと、一九五六年に東西芸能出版社から『週刊アサヒ芸能』が創刊される。後に出てくる竹井博友と一緒の創業です。

――　資料になるかとも思い、創刊二年目の五七年の『週刊アサヒ芸能』を一冊買っておきましたので、それを見てみます。確かに発行所は東西芸能出版社とありますね。

宮下　その東西芸能出版社は五八年にアサヒ芸能出版社と社名変更になり、これとは別に六一年に本格的な書籍出版を目的とする徳間書店が設立される。そして両社は六七年に合併し、雑誌と書籍を統合した新たな総合出版社としての徳間書店がスタートするわけです。

――所謂極道ジャーナリズムで著名な溝口敦なども同期ですか。『徳間書店の30年』を見ると、六五年入社になっていますが。

宮下 彼とは同期です。ただ彼は四月の正規入社じゃないかな。彼は『週刊アサヒ芸能』じゃなくて月刊誌『TOWN』に関わっていた。これは六七年に創刊されたハイクオリティな総合雑誌だったけれど、半年ぐらいしか続かず、休刊になってしまった。僕はいい雑誌だと思っていただけに残念だった。その代わりのようにして、『問題小説』が創刊されている。

20 徳間康快の肖像

――そこら辺からの徳間書店の成長と発展は創業者にして社長の徳間康快の存在を抜きにして語れない。

宮下 そう、僕は徳間書店に六年いたが、幸運だったし、面白かったと思っている。そしてそれは徳間社長の資質によっています。変な理念に捉われず、右でも左でも、エロでも純文学でも出せたのはひとえに彼のキャラクターの特質ゆえで、今まで僕が見たことがないタイプの器の大きい創業型出版人だった。

――我々はそれをわかっているけれど、徳間のことも知らない世代も増えていると思いますので、『出版文化人物事典』（日外アソシエーツ）の立項を挙げておいたらどうでしょうか。

宮下 そのほうがいいでしょうね。確か寺田博編『時代を創った編集者１０１』（新書館）にも立項されていますが、あれは長過ぎるので引用にはふさわしくないですから。

――ではそうさせてもらいます。

徳間 康快　とくま・やすよし
徳間書店創業者
［生年月日］大正10年（１９２１年）10月25日
［没年月日］平成12年（２０００年）9月20日
［出生地］神奈川県横須賀市　［学歴］早稲田大学専門部商科〔昭和18年〕卒

昭和18年読売新聞社に入社、社会部記者となる。20年10月東京民報社会部記者を経て、22年真善美社専務。25年新光印刷工業（現・徳間プレスセンター）社長、28年日東新聞副社長。29年東西芸能出版社を創業。31年より「週刊アサヒ芸能」を刊行し、33年アサヒ芸能出版社に社名変更。36年美術や趣味、教養書などを出版する徳間書店を設立し、42年アサヒ芸能出版社を合併した。45年作曲家・遠藤実が社長を務めるミノルフォン音楽工業を引き受け、徳間音楽工業（現・徳間ジャパンコミュニケーションズ）社長。48年には東京タイムズ社長となり、音楽業界、マスコミ業界に進出した。49年には倒産した大映の社長を引き受け、再建に尽力。活字、音楽、映像の各分野で活躍し徳間グループを率いた。中国との文化交流にも熱心で、文化大革命終結後に、中国での日本映画祭と日本での中国映画祭を積極的にすすめ、1970年代の中国における熱狂的な日本映画ブームを生み出す起動力となった。昭和63年日中合作映画「敦煌」を完成させた。月刊誌「中国」も発行。平成3年より東京国際映画祭のゼネラル・プロデューサーを務める。また、宮崎駿監督のアニメ作品「風の谷のナウシカ」などのゼネラルプロデューサーとしても知られた。12年東京都写真美術館館長に就任した。

こちらはこちらで、ちょっと簡略過ぎるところもありますので、宮下さんから補足して頂けませんか。

宮下　徳間さんは読売新聞社時代に大きな読売争議の旗振り役、組合側の青年行動隊長だったために解雇され、それから東京民報を経て、真善美社にいく。

――　中野正剛の息子の中野達彦、泰雄兄弟によって営まれ、花田清輝を企画者としていた出版社ですね。花田清輝の『復興期の精神』や埴谷の『死霊』なども出していて、私も以前に「真善美社と月曜書房」(『古本探究』所収、論創社)という一文を書いています。

宮下　それは知らなかった。今度見せてくれませんか。

それはともかく、詳しいことはよくわからないのだが、徳間さんは読売争議の時は左翼だった。ところが真善美社との関係からわかるように、戦前から右翼の中野正剛とも近いし、戦後は自由党総裁だった緒方竹虎などとも親しいのです。僕が入社した年には『河野一郎自伝』まで出している。田中角栄とも親しかった。徳間書店何周年かに、角栄が来てあいさつしていました。中川一郎とか石原慎太郎とも親しかった。党人脈の自民党領袖と親しいんですね。そしてなぜか若死にが多い。どの時期からなのかは不明だけれど、左にも右にも近く、しかも双方の大物と近い関係にあった人です。

それで真善美社を辞めた後、新光印刷工業という印刷会社を立ち上げ、自民党系の仕事もするし、社会党や共産党系の新聞の印刷も引き受けるといったふうに、左も右も合わせ呑むビジネスを展開した。その関係から『週刊アサヒ芸能』も創刊していくわけだが、そこに徳間さんならではの出版理念みたいなものも投影されていた。佐々木さんの本の中に『週刊アサヒ芸能』が松川事件の真犯人をスクープしたことがレポートされている。これなどは徳間さんのジャーナリズム魂の反映といえるかもしれない。

21 「塀の上を歩く人」

―― これは部外者の印象なんですが、徳間は明治以降の近代出版社の創業者たちを彷彿とさせるところがありますし、とりわけ改造社の山本実彦《さねひこ》と重なってしまう。山本も新聞記者から改造社を創業し、『改造』を創刊、それから円本の先駆け『現代日本文学全集』で画期的成功を収める。ところが戦後の経営は順調ではなく、労組問題も絡み、改造社そのものも消滅してしまう。

宮下　そうか、山本実彦も新聞記者で、こちらも東京毎日新聞の社長も経ていたね。山本も毀誉褒貶の多い人物だったと思いますが、徳間さんもまったく同じで、昔の先輩や同僚にもよくいわれていない。誰かが徳間さんについて「塀の上を歩く人」だといったことがある。監獄の塀の上を歩くということで、盟友の竹井博友は監獄に入ってしまった。政治家や平和相互銀行との関係などを評しているのだけれど、徳間さんはぎりぎりのところで権力や金と一線を画していたように思える。だから危ないところはいっぱいあっても、うまくすり抜けられた。またそれでなければ、宮崎駿とスタジオ・ジブリを育てたりはできない。やっぱり徳間さんの何か確固とした人間性というものがあるんだろうね。それから徳間さんが亡くなって思ったのは彼が出版界において、読売新聞のナベツネに匹敵する力を持った唯一の人で、徳間さん亡き後、誰もいなくなってしまったということです。

――　確かにそれはいえるし、没後の出版業界の惨状はそれを告げているのかもしれない。また佐々木の『三流週刊誌編集部』に強く表出しているのもそうした徳間に対する愛憎で、こんなに愛していたのに裏切られたという思いがにじんでいる。

宮下　まさにそうだね。徳間書店の社員だった者にはみんなそれがあると思う。僕だって愛憎でいえば、ある種の憎悪のほうもなくはない。しかし、僕は徳間書店というのが好きだった。たった六年だけど、他では経験できない、また味わえない編集・出版生活を送った気がするし。

それがあったからこそ、僕なんかも片方で吉本さんを出し、片方で『東京女子高制服図鑑』を出した。これはやはり徳間体質だよね。

――なるほど、それはよくわかります。

宮下 そうでしょう。もし僕が岩波書店か筑摩書房にいたら、そういうことはやらないものね。

22 徳間書店での書籍編集

――さて出版企画の話になりましたので、宮下さんが徳間書店に入ってから刊行した本についてお聞かせ下さい。

宮下 一九六七年にアサヒ芸能出版社と徳間書店が合併し、徳間書店になったことは先述しましたが、書籍出版に関してはその前史があるので、これも少し補足しておきます。

『週刊アサヒ芸能』だけでなく、本格的な書籍出版に進出するつもりで、六一年に徳間書店が美術、趣味、教養書を刊行する目的で設立され、六二年にはアサヒ芸能出版社のほうにも書籍のための第二事業部が置かれ、「平和新書」などが出されていく。だから六七年まではこの二社名義で単行本が刊行されていた。

それで、六五年に僕は徳間書店のほうに入り、林房雄の『西郷隆盛』全二十二巻の最後のほうや、村上元三『捕物そば屋』、旧参謀本部編『日本の戦史』の一部を手伝った。

――『徳間書店の30年』の「既刊刊行物一覧」を見ると、アサヒ芸能出版社のほうはエンターテインメント中心ですが、徳間書店は種々雑多な本を出していることがわかる。

それで先にお聞きしておきますが、竹内好・松枝茂夫監修『中国の思想』というシリーズが出ています。徳間の箱入書籍として印象が強いものだった。これらの古典物として、同じ判型でクラウゼヴィッツ『戦争論』(淡徳三郎訳)、『一休狂雲集』(二橋進編訳)などを覚えていますが、これらの出版はどんな経緯だったんでしょうか。

宮下　当時は山岡荘八の『徳川家康』が大ベストセラーとなり、ビジネスマンたちに兵法書などが注目され始め、『孫子』や『呉子』などが有名になってきたので、中国の春秋戦国時代に生まれた古典を出そうということになった。そこで徳間自らが竹内好を表敬訪問し、たちまち『中国の思想』全十三巻の企画がまとまった。その流れで、『史記』『十八史略』『正史三国志』などが続く、二期、三期も出る。徳間書店には村上孚《まこと》という中国文学・思想に強い編集局長がいたのも大きかったと思います。それが縁で、徳間書店は六七年に竹内好を中心として出されていた月刊雑誌『中国』の刊行を引き受け、丸五年間出している。

――徳間が後に中国との文化交流にも熱心になるのはこのことも影響しているんでしょうね。

宮下　それは間違いないでしょう。それからこれは僕が辞めた後の七二年だけど、傘下に現代史出版会も設立され、現代史ドキュメントや「戦争と人間の記録シリーズ」なども出している。

――斉藤茂男の『わが亡きあとに洪水はきたれ！』も現代史出版会の一冊で、担当編集者は和多田進とあるので、後に装丁も共通している晩聲社を立ち上げる人物だとわかる。それから鎌田慧の『自動車絶望工場』も現代史出版会から出ている。

でも私個人にとっては思想の科学研究会編『共同研究日本占領』と『共同研究日本占領軍その光と影』ですね。また出版史絡みでいうと、『木佐木日記』全四巻で、よくぞ出したと思います。

宮下 かつてあなたに徳間書店、現代史出版会、思想の科学研究会の関係を聞かれたけれど、これらが出された頃、僕はもう辞めていたこともあって、それらに関する経緯と事情はよくわからない。

23 吉本隆明『自立の思想的拠点』

―― いや、こちらこそ回り道をしてすいません。それよりも宮下さんのオリジナル企画についてうかがわないと。

宮下 入社して一年ほど経ち、ようやく企画を出していいということになり、二三、四歳の編集者五、六人が一勢に自分の企画を出した。僕の場合はそのひとつが吉本さんの『自立の思想的拠点』だった。

―― これは以前に一度吉本に打診し、断られたとも聞いていますが。

宮下 そうです。そして、これにはひとつの事件が絡んでいる。一九六六年二月四日に千歳を発った全日空機が羽田沖に墜落し、北海道の雪まつり団体客を含む乗員乗客一三三

吉本隆明『自立の思想的拠点』

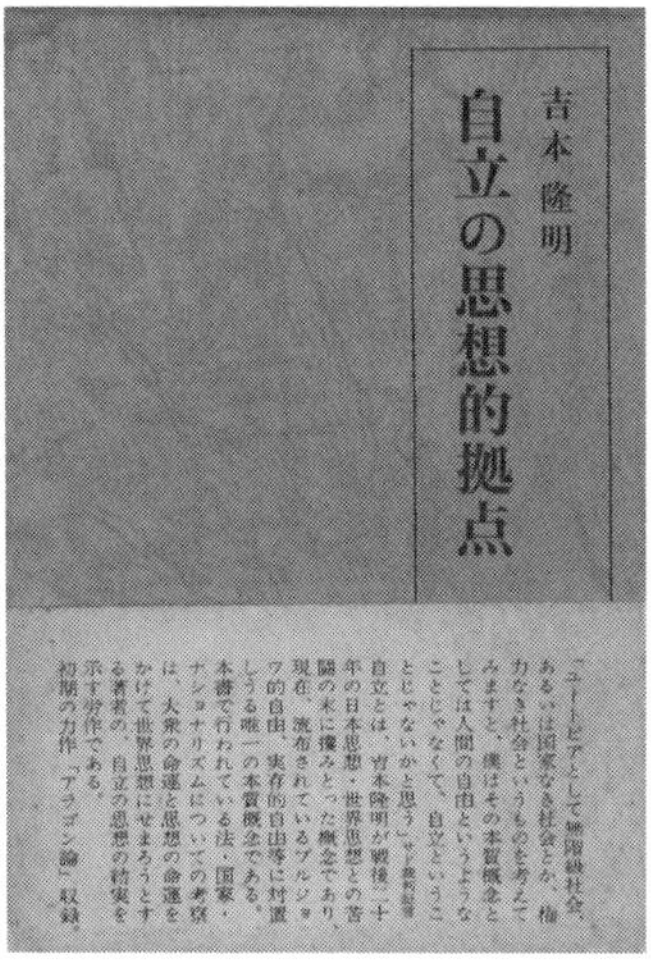

人全員が死亡するという大事故があった。その中には出版人や広告代理店の人間が二四名含まれていて、春秋社の編集長で、吉本さんの『模写と鏡』や「現代の発見」シリーズなどを出した岩淵五郎さんもいた。僕も遠くから尊敬していた名編集者だったし、吉本さんも岩淵さんを追悼する「ある編集者の死」と「ひとつの死」を書いている。この二編は『自立の思想的拠点』に収録させてもらいました。

――これは半世紀前の事故ですが、「出版人に聞く」シリーズの資料としてよく参照している『出版データブック1945→1996』（出版ニュース社）を見ますと、六六年の業界「10大ニュース」のトップに挙げられ、美術出版社、共立出版、柴田書店、裳華房のいずれも社長を始めとする死亡が伝えられています。

宮下　実はこの雪まつりツアーには徳間書店からも二人参加する予定だったけれど、直前にキャンセルしていた。それらもあって、出版界はこの事故に衝撃を受け、大混乱の中にあった。

それが収まった頃、吉本さんから電話があった。以前に『自立の思想的拠点』の全体の構成と収録論文のリストを添え、このような企画を考えているとの手紙を出していた。そうしたら、春秋社の岩淵さんにゆだねることにしているのでという断りの返事が戻ってきた。それでも救いだったのは岩淵さんもその収録リストを見たらしく、あの企画はよくできているといっていたことを吉本さんから聞いていたことだった。

吉本さんの電話というのは、あの企画はまだ生きているのだろうか、もしそうであれば、岩淵さんが亡くなってしまったので、あなたに託したいとのことだった。

――まったく思いがけないことに、全日空機事故という悲劇が宮下さんと吉本を結びつけたことになる。予期しないことが重なり合って、一冊の本が誕生する。それが『自立の思想的拠点』だった。

宮下　そう、それで六六年十月に刊行になった。吉本さんは四二歳、僕は二四歳だった。吉本さんの編集者はそれまで春秋社の岩淵さんの他に、未來社の松本昌次、松田政男、現代思潮社の久保覚といった著名な人ばかりでしたので、『週刊アサヒ芸能』のイメージが強い徳間書店の若造の僕で大丈夫ですかと訊ねたところ、吉本さんは編集者が問題なのであって、出版社はどうでもいいんですという答えだった。それを聞いて、僕はあらためて吉本さんはすごいもんだなあと思った。

――ここで確認しておきたいのですが、宮下さんが古本屋などで収集した吉本の未収録のものも『自立の思想的拠点』には入っているのですよね。

宮下 収録したものは全て僕の収集したもので吉本さんから提供されたものは一つもありません。吉本さんは自分の書いたもののスクラップもしない人でした。めずらしいものとして「アラゴンへの一視点」は神保町の青空古書市で発掘した東工大の同人誌『大岡山文学』に掲載されたものでした。

24 徳間書店の文芸書

――宮下さんにとって最初の企画『自立の思想的拠点』はそのようにして出版されるに至った。その売れ行きなどはどうだったんでしょうか。

宮下 これは売れましたね。六六年は時期的にいっても、吉本さんは相当売れるようになってきた頃だった。初版は五千部、僕は七一年に辞めているので、最終部数はわかりませんが、優に二万部は超えていると思います。これには会社もびっくりしたはずです。それで企画がかなり自由に出せるようになり、僕の場合は奥野健男『現代文学の基軸』、橋川文三『現代知識人の条件』、島尾敏雄『幼年記』、磯田光一『パトスの神話』、それから吉本さんのもう一冊『情況への発言』といった本を出していくことができた。

―― 私には磯田の『パトスの神話』が懐かしい。七〇年代にはもはや絶版になっていて、古本屋でようやく函なしの本を見つけ、読んだ記憶が残っています。またこれを読んで、エピグラフとして掲げられた「Passion」の定義から、その古義としての「殉教」や「受難」を知ったこともありますので。

また島尾の『幼年記』や橋川の『現代知識人の条件』が後に弓立社から出されるのは、宮下さんが徳間書店時代に手がけていたからなのですね。

宮下 そうです。僕が所属していた文芸編集部は二〇代前半の編集者が他に四人ほどいた。彼らも次のような本を次々と出した。安部公房『夢の逃亡』、倉橋由美子『蠍たち』『人間のない神』、寺山修司『さあさあお立ち会い』、深沢七郎『人間滅亡の唄』、稲垣足穂『少年愛の美学』『ライト兄弟に始まる』、きだみのる『気違い部落から日本を見れば』、あと書名は忘れましたが、小松左京、陳舜臣などです。

――高橋和巳の『生涯に渡る阿修羅として』も徳間書店だったように思いますが。

宮下　あれも同世代の編集者によるものですが、僕たちの文芸編集部ではなく、思想・社会科学編集部の小山晃一の企画だった。そちらでは秋山駿の本も出している。

それよりも特筆すべきは稲垣の『少年愛の美学』が六九年の第一回日本文学大賞を受賞したことです。これは早稲田の露文科出身の新人編集者久保寺進が企画したもので、足穂ルネサンスというべき劇的な稲垣足穂の復活につながった。

――当時あれは古本屋でよく見かけましたし、後に角川文庫にも入っている。でも出版社のことは忘れていましたが、徳間書店だったんですね。

宮下さんは先に挙げた本の他にも小説なども手がけているはずですし、この際だからそれらについても聞かせてくれませんか。

宮下　初めてひとりで作った本は花登筺『フグとメザシの物語』シリーズ、それから思い出すままに挙げると、結城昌治『死の報酬』、城山三郎『当社別状なし』、水上勉『雁帰る』、戸川昌子『蒼い蛇』、田中小実昌の最初の長編小説『すいばれ一家』、宇能鴻一郎『秘本西遊記』などですね。これらの多くは『週刊アサヒ芸能』連載の単行本化だった。

水上勉のものは僕の企画です。小実昌さんには新宿でよく遊んで貰いました。

――読んでいるのは結城の新書判の『死の報酬』だけですね。ところで梶山季之の『生贄』も『週刊アサヒ芸能』連載だったはずですが、あれは宮下さんの担当ではなかったのですか。

宮下 あの伊丹十三（当時は一三）装丁で、モデルとされるデヴィ夫人の抗議で絶版になった小説ですね。あれは同期の斎藤勲が担当だった。その頃僕は若造にもかかわらず、文学全集の企画に一人で携わっていた。今では考えられない話だけれど。徳間書店では当たり前のようなことだった。

25　未刊の文学全集

――徳間書店から文学全集が出ていたことは記憶していませんが。

宮下 それはそうですよ、文学全集の企画は実現しませんでしたから。当時は各社で全集物が売れていた時代で、徳間書店も参入を試みたわけです。それで僕にその担当が回ってきた。それで最初に編集長が企画したのは『青春文学全集』で、監修者として川端康成、三島由紀夫、江藤淳を考え、交渉したけれど、三人とも断られてしまった。文学には何の実績もない徳間書店だから断られるのは当然のことだった。三島さんだけは会うことができず、電話での交渉で、有名な悪声の哄笑も聞きました。でもそれは悪意のこもったものではなく、徳間書店のいかにもふさわしくない『青春文学全集』プランに対する、意外な感じも含んだ楽しそうな高笑いだった。

―― 本当にそれは意外な企画、意外な話で、面白い出版エピソードですね。

宮下 これにはまだ続きがあって、次に編集長が企画したのは森鷗外から司馬遼太郎までを含む『歴史文学全集』全二十四巻です。この監修は鶴見俊輔、尾崎秀樹、奥野健男で、こちらは順調に進み、折口信夫の『死者の書』も入れるつもりだったし、そのうちの一巻は『太宰治・坂口安吾・織田作之助』とし、吉本さんに解説を頼んでもいた。歴史文学の枠を広げたラインナップをコンセプトとし、すべての作品の選択までこぎつけた。そこで鶴見さんにはいつも東京にきてもらっていたので、編集会議の打ち上げは京都でやることにし、僕も初めて都ホテルに泊まったりした。そして著者と版権継承者との交渉も終わり、装丁も上がり、束見本も出てきた。ところがこれから編集作業が本格化するというところで、河出書房と人物往来社がやはり同じ歴史文学全集を出すことが発表され、河出は銀座を甲冑姿で練り歩くという鳴り物入りの大宣伝を打った。だから三番手では勝ち目がないと急遽中止になってしまった。

――でもその後河出書房も人物往来社も倒産してしまいますから、それは正解だったかもしれません。

宮下　でも僕としては残念だった。全集企画を最後まで見届けられなかったのですから。河出はおぼろ気な記憶ですが三十万～四十万部いったと思います。それからこれは僕ではなく、一期下の奥山國夫が担当で、『歴史文学全集』の三人の監修の鶴見さんの代わりに澁澤龍彥さんが入り、澁澤さんが主となって『怪奇と幻想の文学』全八巻の企画を出しましたが、これも流産してしまった。

――新人物往来社からこれも同じような紀田順一郎、荒俣宏編集『怪奇幻想の文学』全七巻が刊行され始めるのはずっと後の七七年ですので、『歴史文学全集』と同様にバッティングしたわけではない。どうして流れてしまったのかしら。

宮下　最初は僕も企画に関わっていたのだが、途中で降りてしまったため、そこら辺の詳細はわからない。でもその後に怪奇と幻想文学ブームが起きてくるので、もし出していれば、このジャンルで初めての出版になったはずです。その中には澁澤さん推薦の沼正三の『家畜人ヤプー』があった。これだけは出そうということで、紙型までとったけど、右翼からの攻撃があるのではないかとの危惧から、これも中止になってしまった。その後、都市出版社が紙型を確か十万円で買い、ベストセラーになったことはこの「出版人に聞く」シリーズ10の内藤三津子さんの『薔薇十字社とその軌跡』に語られているとおりです。実際に都市出版社が右翼に襲われたことも。

―― 内藤さんとは最近会ったばかりなので、徳間書店版『怪奇と幻想の文学』のことも聞いておけばよかった。きっと死後刊行の筑摩書房の『澁澤龍彥文学館』に継承されていると思われるのですが。

宮下 それは関係ないですよ。澁澤さんの幻の企画書だけは僕は持っていますが。澁澤さんのアンソロジー二冊ともほとんどダブッていません。でもこの三つの全集の他にも、僕は『水上勉少年文学全集』全五巻を具体的に進めていて、これも各巻に書き下ろしの短編を入れるということで、毎日のように水上さんに催促の電話を入れていた。これが成功すれば、川端康成の『少女小説全集』も出すつもりだった。ところがこれもある日突然中止となり、電話もするなという編集長命令が降りてきた。それで結局のところ、これで僕の徳間書店の編集者生活で、全集を手がける機会を失ってしまったわけです。

26　徳間書店の変貌

――でも現在『吉本隆明〈未収録〉講演集』全十二巻を手がけているわけですから、宮下さんの全集編纂の望みの一端はかなえられたのではないかと思いますけど。

この五つの全集の流産や中止の事情から推測できますが、徳間書店自体が六〇年代後半に変わっていったんでしょうね。

宮下　そのとおりです。六七年のアサヒ芸能出版社と徳間書店の合併の話を先述しましたが、これで一五〇名ほどの会社になった。しかしよくおわかりでしょうが、雑誌と書籍は当然のように対立関係にあり、週刊誌派と単行本派のヘゲモニー争いになり、週刊誌派が会社のヘゲモニーを握ってしまう。つまり単行本派は週刊誌派に負けてしまった。それで週刊誌派が経理の見直しをしたところ、徳間書店は大赤字じゃないかということになり責任が追求された。しかし翌年見直したら、実は黒字だったというブラックユーモアみたいなことも生じていた。

ただそれは翌年のことだから、赤字だからということですべての企画が点検され、企画として単行本は一万部以上売れるものでないと認められないことになった。一万部以上というと、吉本さん、高橋和巳、安部公房、稲垣足穂、倉橋由美子ぐらいしかいない。

――ということはほとんどエンターテインメント系大衆小説しか企画として出せなくなる。

宮下 そういうことです。だから僕たちのような若い編集者が自由に企画を出せたのは実質的に二年半で、それ以後はできなくなってしまった。

僕たちが企画するものは、三千部くらいが基本ベースで、そういうすそ野があるから、一万部を超える企画も出てくる。最初から一万部を狙うものは歴史のない徳間書店では無理だ。総合誌や文芸誌も出していないし、編集者としての著者人脈もまだ確立されていないのだからと反論したけれど、まったくわかってもらえなかった。

それで僕は不貞腐れてしまい、企画も出さない、上からくる仕事だけをすることにした。それらは『週刊アサヒ芸能』や『問題小説』の連載物の単行本化などで、文芸編集部の同僚たちも色々な方針をそれぞれにとった。ですから徳間書店には六年間いて、辞めることになるのだけど、前半の三年間はよく仕事をしましたが、後半の三年間はほとんど仕事をしていない。

この間、編集長の名前があまり出てこないでしょう。編集長の荒井修さんというのは早稲田の露文で後藤明生と同期の人ですが、この間何をしていたのかと、後年大分たってから聞いたんです。後にトクマ・ノベルスとなる新書版のベストセラーシリーズを準備していたんですね。大藪春彦とか西村寿行、西村望などです。これは全然わからなかった。後で先ほどの久保寺進は西村寿行担当になります。

―― この徳間書店体験は宮下さんの出版人生にとって、とても大きな影響を与えたと思われます。それについてはまだ詳らかに語られていない。でも考えますに、現在の出版状況において、出版社のみならず、取次や書店にあっても、多くの人たちが同じような立場に追いやられているのではないかとも察せられます。それもありますので、ぜひそこら辺をうかがわせて下さい。

27 徳間書店を辞める

宮下 これは本当にきつい体験で、一種の崩壊を見たような気がした。僕一人だけの問題であれば、まだ違ったのでしょうが、何人も後輩が辞めたりすることがきつかった。それは僕たち二十代前半の編集者たちを完膚なきまで打ちのめしたし、またその体験にどう対処するかが重要な問題だった。僕の場合はいわば反対する旗振りのような位置にあったので、ノイローゼのようになり、長期休暇をとらざるをえなくなったりもした。

それで自分の中に残ったのは出版や編集というものはいやな商売だなあという思いです。僕は前にもいいましたが、変なところがあって、出版社に入る前から、このいやな感じ、編集者というものが好きになれないという思いを抱いていた。そうした思いが徳間書店における自分の企画の実現からそれが不可能になる過程の中で、さらに強く感じられ、これが出版社の本質ではないかと考えるしかなかった。だから「降りた」という思いで徳間書店を辞めた。

――そこが吉本主義者としての宮下さんのまっとうなところで、吉本のいう物書き、大学教師、編集者はステータスを誇るべきものではなく、本来であれば恥ずべき職業だとの言をふまえている。それに宮下さん特有のパーソナリティが加わり、自らの危機の表出をも見てしまったわけですね。

宮下　まさにそういうことです。

――それからこれは蛇足かもしれませんが、宮下さんの徳間康快への評価とは相反する、そのような徳間書店状況をもう少し具体的に述べて頂けませんか。
宮下　これは要するに社長の徳間さんの考えていることと中間にいる重役陣のセンスがまったく違っていた。それが大きな問題で、経理や企画の見直しはアサヒ芸能出版社と徳間書店の双方の重役陣が仕切ったものだといえる。だから徳間さんよりも、そうした重役陣に対する恨みのほうが強いんじゃないかな。
――先ほど週刊誌派と単行本派の対立のことを挙げられましたが、それらも含めてトータルにいえば、重役陣による出版社のイメージと経営問題に尽きるのでしょうか。
宮下　そう、それが『ＴＯＷＮ』という雑誌の廃刊問題にも表われていたと思う。あれは今でも読むに耐えるのではないかというくらいハイブローないい雑誌だった。
――私はこの雑誌に関しては現物を見ているかもしれないが、記憶にはない。どんな内容だったのですか。
宮下　例えば、小説でいうと新人の野坂昭如の三百枚くらいの長編をいち早く一挙掲載したり、特集は創価学会や山口組に関する特別に長いものだった。ここで溝口の創価学会や山口組に関する基本的ベースがつくられたのだと思う。それに佐藤さんという編集長もとても優秀だったけど、ごたごたもあって辞めてしまい、それに絡んで溝口も辞めたんじゃないかな。

――なるほど、それで溝口は三一書房とつながり、山口組ドキュメント『血と抗争』や『池田大作「権力者」の構造』を上梓し、フリーライターの道を歩んでいくことになるわけですね。

宮下　おそらくそういうことでしょう。

第Ⅳ部

28 弓立社設立

――さてここまできてようやく弓立社にふれることができます。宮下さんは徳間書店を「降りた」後、「後ろ向き」で出版社を始めたと以前に語っておられましたが、最初の『敗北の構造』出版に至るまでを、流通・販売方面も含めて詳細にうかがいたいと思います。それでもその前に他社からの誘いはなかったのですか。

宮下　冬樹社から来ないかと声をかけられましたが、既存の出版社はどこにいっても似たようなものだし、出版するのであれば一人でやると決めていたし、吉本さんからも一人で始めなさい、応援しますよといって勧められたので、お断りした。

当時、僕が考えていたのは次のようなことです。「降りた」後で「後ろ向き」に始めるというのは、編集者、もしくは出版人として功名や儲けを狙わないのだが、そうでありながらも商売として非常に難しい出版という仕事を経済的に成り立たせ、持続させることを意味していた。そうした思いで弓立社を立ち上げた。

――まず社名の由来をうかがっておきましょう。

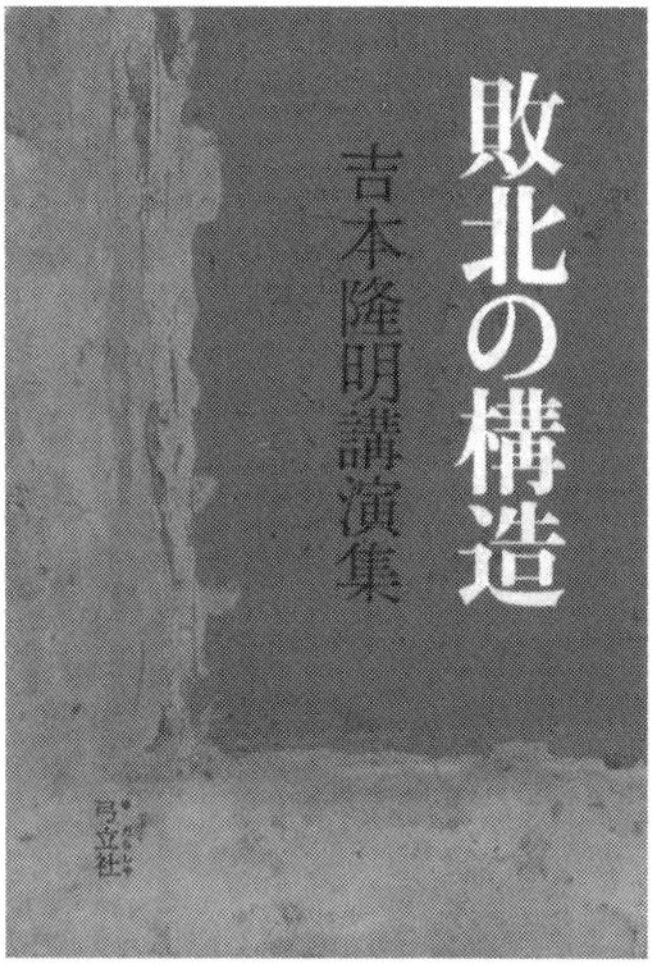

宮下　僕の郷里の西海町にある地名からとりました。「ゆだち」という読みはきれいだし字面も良いので気に入っているのだが、そのように書店に読んでもらえなくて、後々苦労しました。これは、弓に矢をつがえて座った姿勢から立ち上がるという意味もあり、広辞苑にも出ています。そのイメージもよかった。

――それで最初の本は吉本の『敗北の構造』と決められていたと思いますが、そこら辺の事情、及び出版する立場から見た当時の吉本の位置というものはどうだったんでしょうか。

宮下　一九六六年に出した徳間書店の『自立の思想的拠点』が二万部を超える売上を示したことは前述しましたが、吉本さんがポピュラーというか、かなり知られるようになり、売れる部数も増えていった。それは六〇年代後半を迎えてからのことです。

未來社の『芸術的抵抗と挫折』や『抒情の論理』の頃は部数も少なく、まだネームバリューもなかった。でも『擬制の終焉』（現代思潮社）や『模写と鏡』、それに手前味噌になりますが、『自立の思想的拠点』『情況への発言』などによって、売上部数も上昇していった。

―― そうですね。松本昌次が『わたしの戦後出版史』（聞き手上野明雄、鷲尾賢也、トランスビュー）の中で、五九年に出された未來社の二冊は初版千五百部、印税代わりに本を七十冊差し上げるというものだったと語っていますから。ところで勁草書房の『吉本隆明全著作集』が刊行され始めるのはいつだったでしょうか。

宮下 あれは六八年じゃなかったかな。だから『全著作集』の刊行はそういうトレンドに併走していたことになる。

29 阿部礼次と北洋社

―― この『全著作集』は七〇年代初頭までは紀伊國屋書店や大学生協で常時平積みさ

れていた記憶があるんですが、編集者に関してはあまり語られていない。誰が企画編集者だったんでしょうか。

宮下 それは阿部礼次さんといって、『全著作集』の担当者でした。たぶん、企画者だったと思います。どういう事情があってかわからないが、勁草書房を辞め、後に北洋社を立ち上げ、吉本さんの『心的現象論序説』、江藤淳の『夜の紅茶』や『フロラ・フロラアヌと少年の物語』などを出したけれど、それほど長く続かなかった。

――『心的現象論序説』や『夜の紅茶』の奥付を見ますと、それぞれ七一年、七二年で、しかもいずれも六刷となっている。それでも阿部の北洋社は続かなかったのだから、ほぼ同時期にスタートした弓立社にとっても他山の石のような存在だったようにも思われますが。

宮下 やはり意識していましたね。僕は『全著作集』の監修の川上春雄さんと親しかったし、『全著作集』の校正などをボランティアで手伝ったりしていたので、阿部さんにも会っていました。ただ残念なことに売上部数に関しては聞いたことがない。

ただこれだけはいっておきたいのは僕などが出版に関わり、弓立社を始められたのも、そういう時代に遭遇したからで、その後だったら無理だろうし、例えば今から参入することはまずありえない。

―― 当時と比べ、製作費は圧倒的に安くなっていますが、現実的にはより難しいでしょうね。

ところで弓立社は今の言葉でいえば、インディーズ出版社として始まっていくわけですが、先行する出版スタイル、範のようなものはあったんでしょうか。

宮下 僕は『自立の思想的拠点』を出す前から、先にふれた試行出版部の川上さん、深夜叢書社の尾形尚文さんや齋藤愼爾さん、それに一橋新聞部の大塚融さんたちと付き合っていた。いずれも小出版社でしたが、僕は『試行』を出していた試行社のスタイルが最も好きで、その影響を受けていた。

―― 宮下さん、混同を避けるために少し補足させて下さい。試行出版部は会津若松市にあって川上春雄が主宰し、『試行』関係者の著作を「試行叢刊」として刊行していたところ、試行社は吉本隆明の自宅に置かれ、夫人とともに『試行』を発行していたところと説明しておいたほうがいいでしょう。しかも双方とも、読者への直接販売をメインにしていた。

30 試行社、松本昇平、三月書房

えるわけですし。

宮下 確かにその区別と説明は必要でしたね。今では双方ともなくなってしまったといえるわけですし。
『試行』は直接購読者と直接の書店を中心とする、取次に依存しない自立的流通スタイルをとっていた。吉本さんは『試行』二号で、三〇〇人の直接購読者がいれば、持続できると書いていた。創刊号は三〇〇部で直接購読者は九〇人でしたが、最盛期は八〇〇〇部くらいまでいったようです。『試行』は隔月刊が目標でしたから、三〇〇人の予約者ということは、一八〇〇部の売上げを意味します。吉本さんは、三〇〇人の予約購読者があったことで、成功を確信されたようです。三〇〇人というのは少ないようですが、同人誌として考えれば大したものなんですよ。

――「出版人に聞く」シリーズ1の『「今泉棚」とリブロの時代』の今泉正光さんの証言によれば、八〇年代にリブロ池袋店は『試行』を二、三〇〇部仕入れ、常に完売していたようですから、やはり最盛期はその時代だったと推測できます。

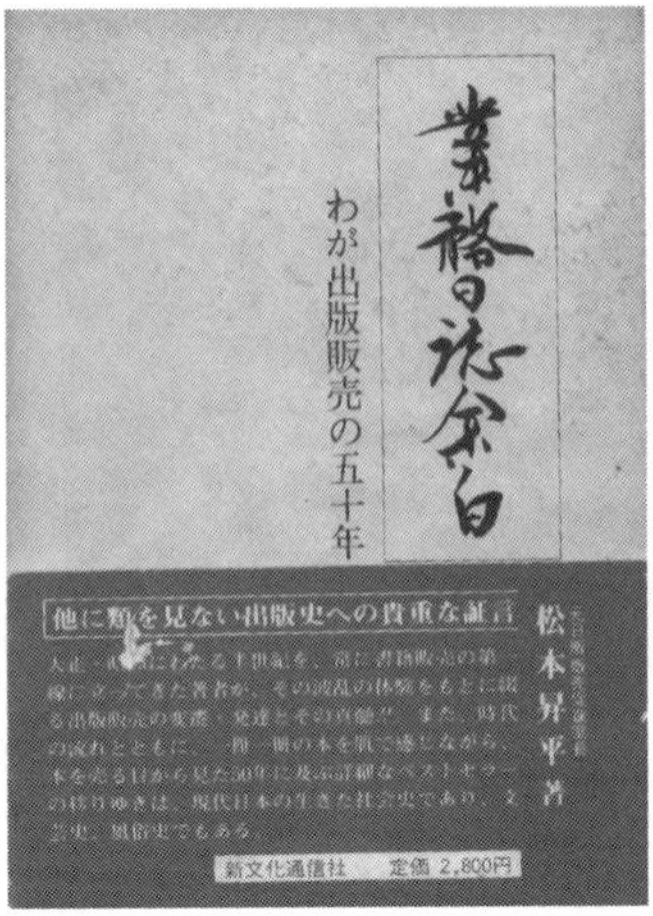

宮下　そうでしょうね。ただその『試行』のスタイルを真似ようとしても、僕は当時は独身でしたし、営業や販売に通じているわけでもない。でも編集と同じようにそれらの実務も大事にして、バランスのとれた出版をしようと考えました。

だから販売に関しては二人に無給の顧問になってもらった。一人は戦前からの書籍専門の取次人で、徳間書店の顧問もしていた松本昇平さんです。取次人として戦前から一貫した書籍専門のスペシャリストというのはこの人しかいないのです。凄い人でした。『業務日誌余白―わが出版販売の五十年』（新文化通信社）や『出版販売用語の始まり』（BNN）という二冊の著書がある。

――両書とも拳々服膺させて頂いております。

宮下　やっぱりね。それからもう一人は現代評論社で営業をやっていた若い今野隆さん。この人にも顧問を頼んだ。橋川文三さんの弟子で、現代評論社から出ている『現代の眼』の編集者・赤藤了勇《しゃくどうりょうゆう》さんの紹介です。在庫を現代評論社の倉庫においてもらったこ

吉本さんの佐賀での講演に行った後、天草へ同行した時、チャーター船で。1966年9月、左から角川書店の渡辺寛、吉本さん、宮下、芳林堂書店の江口淳（撮影・吉本和子）

ともあります。また顧問ではないけれど、相談役みたいな感じで、棚作りでよく知られていた池袋芳林堂の江口淳《すなお》さんとも付き合い始めていた。芳林堂には入り浸りました。当時ピカ一の書店人でした。今泉さんや中村さんの一つ前の世代の凄い人ですね。他の書店には全然行きませんでした。優秀な人としか付き合わないというのは本当はいけないんですけどね。普通の感覚というのがわからなくなりますから。

それで色々と意見を聞きながら、『試行』のような直接購読者を重視するにしても、取次口座がないのはまずいし、鈴木書店か栗田出版販売のどちらかの口座を持つべきだということになり、京都の三月書房の宍戸恭一さんに鈴木書店を紹介してもらった。

31 鈴木書店口座開設と直販書店

――それは知りませんでした。三月書房の紹介による鈴木書店の口座開設とは意外な気がしますが、両者の関係からすれば、なるほどと思います。

宮下 徳間書店の匂いのある松本さんを使いたくなかったということです。松本さんに頼めば、鈴木真一社長とは日配の同僚だから楽でしたが。取次の鈴木書店に口座を設けたことで、今までにない出版社のスタンスである小取次・書店と直接読者を半々で考えるという販売方針の目途が立ったような気になった。鈴木書店の取引先は山手線内側を中心にして、神保町の三省堂書店、東京堂書店、旭屋書店、新宿の紀伊國屋書店、銀座の近藤書店、その他には名古屋のちくさ正文館、京都の三月書房、全国の丸善全店、大学生協くらいしかなかったけれども。

――当時はリブロも八重洲ブックセンターもジュンク堂もまだ出店に至っていなかっ

た。

宮下 それでも僕にとっては大変なことで、取次や書店経験もなかったので、すべてを把握して売るということは本当に難しいと実感した。まして東販、日販に口座を開き、二万店の書店を相手にすることはできるものではないとも思いました。

あとは直接取引できる書店や古本屋の開拓で、『試行』を置いてあるところを中心に交渉し、二〇店ほどと取引できるようになった。

――それらの直接取引書店ですが、七五年に出された弓立社六冊目の矢野武貞『「吃音」の本質』収録の「風信6」にそれらが初めて掲載されていますので、当時のそうした販売トポスを確認する意味で挙げておきたい。宮下さん、かまいませんよね。

宮下 ええ、どうぞ。

――それでは挙げてみます。東京は文献堂書店（早稲田）、模索舎（新宿区）、文泉堂書店（千代田区）、不二屋書店（目黒区）、白樺書院（世田谷区）、吉祥寺ウニタ書店（武蔵野市）、地方は八重洲書房（仙台市）、名古屋ウニタ（名古屋市）、岡田書店（岐阜市）、京都書院、大宮書房（京都市）、イカロス書房、コーベブックス（神戸市）、梁山泊（岡山市）、金栄堂（北九州市）、福岡金文堂、りーぶる天神（福岡市）、これで十七店になります。

今ではパソコン管理、宅配便による配送が当たり前ですが、当時はまだそういう時代ではなかったので、十七店とはいえ大変だったでしょう。

宮下 この中には六軒古本屋がありますね。本当に発送はまだ宅配便が広く普及していなかったこともあり、信じられないかもしれませんが、鉄道便や郵便を使っていた。直接送品し、書店からも直接返品してもらい、それから売れた分を請求し、入金を確認するということの繰り返しだったので、大変な作業でした。直接講読の読者も増やすことを考えたけれど、『試行』のように吉本さんのようなスターが一貫して書いているわけではなく、定価が一定した雑誌定期購読者とは異なるものでしたから、こちらはうまく増やせなかった。どこもそうでしょうが、読者への新刊案内を送るだけでは売れる数は知れているわけです。

―― それは本当に身につまされ、よくわかります。

でもそれ以外に鈴木書店帖合の書店、大学生協は七五店ほどあり、これに鈴木書店の仲間口座から東販、日販などの書店に流通していく客注なども加えれば、七〇年前半の弓立社の販売・流通ルートは一人の出版社としてはよく構築されたものではないかと思います。仲間口座というのは取次間で使われるもので、取次が自社で扱っていない出版物を取り寄せるために設けられた口座です。それに、吉本を含めた弓立社の本は、当時古本屋でよく見ましたので、鈴木書店の店売から現金仕入れされ、売られていたのではないか。八木書店との取引はなかったのですから。

宮下　確かに八木書店との取引はなかったから、古本屋で売られていたのは鈴木書店の店売における現金仕入れだったでしょうね。でもこれはフロックというか、追跡できないものだった。

それから鈴木書店の仲間口座絡みですが、こういうことが出来ることは一年後くらいに知りました。大阪梅田の紀伊國屋書店からも注文がとれるようになり、この流通ルートが伸びていった。これは七六年に出した吉本さんの二冊目の『知の岸辺へ』の頃になると、この仲間口座ルートだけで二千部ほど出るようになった。

これは今でもよく覚えているけど、初回配本の時に仲間分の注文がいつもは数冊から数十冊しかない仲間口座の場所に二千部積まれていた。二千部というと相当な分量だった。たまたま鈴木書店の社長の鈴木真一さんが通りがかり、それを見て、「仲間に売ってもらわなければなあ」というようなことをいった。僕は鈴木さんとまだ親しくなかった頃だったが、ものすごくリアルに聞こえた。

――目に浮かぶような光景ですね。仲間分の二千部が鈴木書店に積まれ、そこに鈴木真一さんが通りがかってもらした言葉は戦前からの小取次と小出版社、書店との関係を彷彿とさせてくれる。

宮下　取次は鈴木書店で本当によかったと思った。その一年後、関西方面は柳原書店とも取引を始めますが、付け加えるほどの意味はなく、鈴木書店だからうまくいったと考えるしかなかった。

――柳原書店は関西の鈴木書店ともいわれていましたが、とてもそこまでの実力はなかったようですね。でも地域限定、ご当地向けの出版物であれば、まったくちがうんじゃないでしょうか。

宮下　そうかもしれないですね。でも、そんな本はなかった。

32　『敗北の構造』出版事情

――ちょっと先に進み過ぎてしまいましたので、『敗北の構造』の出版のことに戻します。鈴木書店に関しては後でもう一度ふれますが、こういう機会を得たことですし、また宮下さんも再び言及されないでしょうし、色々と細部にわたってお聞きしておきます。

まず単刀直入にうかがいますが、資金のほうはどうされたんでしょうか。

宮下　弓立社を始めようとした時、長く続けられるかどうか、まったくわからなかったし、僕としてはせいぜい五年くらいできればいいと思っていた。当時は活版印刷だったから、一冊の製作費に二百万から三百万円かかっていた。それに出版は博打のような要素が強く含まれている。それは今でも変わっていないはずですが。

それに著者に対し、小出版社ですから、当然少部数で印税も少ないにしても、必ず印税は払わなければならない。だから一冊の本を出すたびに直接製作費に印税をプラスした金額が必要となる。これが原則だと考え、徳間書店の退職金とボーナスなどで百万円ほど手元にあった（尾形尚文に三十万貸し、これが五年も返らなかったが）ので、それを信用金庫に預け、三百五十万円ほど借りて、これらを『敗北の構造』の製作費などに向けることにした。

――それで一冊目の直接製作費＋印税分は確保された。

さらに微に入り細に入って恐縮なんですが、鈴木書店の取引条件はどのようなものだったんでしょうか。

宮下　掛け率は鈴木書店一社取引ということもあって七三でしたが、その交渉中に「ブック戦争」が起き、十二月一日から書店マージンが二％アップしたことに伴い、七〇・五に切り下げられた。「ブック戦争」によって弓立社の正味は下がったわけだが、これは日書連＝書店が出版社や取次に対して、戦後、唯一自力でマージンをアップさせた戦いで、画期的だったと評価すべきでしょう。その後四十年間というもの、そのような動きは独禁法ゆえに封じられてしまい、それが出版社や取次の書店に対する緊張をも失わせてしまった。

――それはまったくそのとおりで、現在の出版危機の根元にはそうした緊張感の不在がある。そうした中で再販委託制に基づく書店のバブル出店と肥大化が起きた。それが出版危機とつながっている。

それはともかく、正味問題と不可欠の支払い条件はどうだったんでしょうか。

宮下　支払いは新刊委託が二〇％翌月払い、残りは六ヵ月後精算、注文は全額やはり翌月払いだった。ただ新刊委託も注文が多かったので四〇％は注文扱いにしてくれたので、実際には新刊委託もほとんど翌月六〇％払いとなっていた。

――正味にしても支払い条件にしても、すばらしいじゃないですか。現在の大手取次の場合、実質的に新刊は六〇％、前払いは無しで六ヵ月後精算、注文分も三〇％は支払い保留となるので、それこそ弓立社と比べれば、とんでもない正味と支払い条件の格差が生じてしまう。

宮下 東販や日販と取引するようになって、そうした事情がわかったけれど、鈴木書店と同じ条件だった。こちらはそれほどいい条件だと思わず、不満で恵まれていることに気づかないでいた。『試行』は八掛けで翌月支払いでしたからね。それらの好条件は窓口の富田さんの裁量と配慮もあったんじゃないかな。

―― それはもちろんあるでしょうね。

あらためて計算してみると、千部が新刊委託、千部が注文とすると、翌月千六百部分が現金で入るのですから、直接製作費の支払いに苦労することはない。それでも不満だったとすれば、贅沢をいえばきりがないということになる。

それで『敗北の構造』はどのくらい売れたんですか。

宮下 初版が七二年の十二月九日配本で三千部。実際は五千部でしたが、一刷三千部、二刷二千部と刷り分けました。三、四刷が各二千部、五刷三千部、六、七、八刷がこれも各二千部です。初版が七二年十二月、八刷が七五年だから、三年弱で一万八千部までいったことになる。（毎日新聞の七八年七月のインタビューによると、当時十刷で二万二千部となっている。八二年四月に装丁を変えた十一刷というのもあり、これは原本だから十二刷があるはず。また装丁を変え新装版第一刷一九八九年五月発行のものもある。これを考えると三万部に近いかもしれない。）

――いやはや、それも何ともすばらしい。弓立社の輝かしきデビューは鈴木書店で伝説のように語り継がれていましたが、あらためてこの数字を聞いて納得しました。念のために私の持っている『敗北の構造』の奥付を見ましたら、七三年二月の四刷です。ということは三ヵ月足らずで、重版を三回して九千部に届いていた。

宮下　それもそうですが、僕が驚いたのは読者カードの戻りで、一年で九八九通あった。実売を一年で一万部とすると、約一割の読者カードが送られてきたことになる。広告はほとんどしていなかった。だから驚異的な浸透度だった。

33　「風信1」

――それは六〇年代を通じて確立された吉本のカリスマ性と人気の高まりが、もちろんそれは一般的なものではないにしても、大きく作用していることは間違いない。でもそれに加えて、投げ込みとして挿まれた「風信1」の影響も大だったんじゃないでしょうか。それも示すために引いてみます。

宮下さん、これもかまいませんよね。

宮下　ええ、かまいません。

——　では読んでみます。

風信　1　　　弓立社通信　72・12

〈未知の読者へさしあたって伝えたいこと〉

本書は小社の創業出版である。

本書を手にされた読者に伝えたいこと二、三を走りがき的に記しておきたい。小社は出版物の読者への渡り方を重要な問題と考えている。版元↕取次↕小売書店↕読者（1）という機構のなかへ小社も半身くらいは身をおくのであるが、版元と読者の距離はより近くあらねばならぬと考えている。版元は読者を、より直接に鮮明な輪郭でもってイメージすべきである。それは、読者を組織しようということとはちがった形で、一冊一冊の出版物について、一人一人の読者との関係をより直接的に視たいということであり、厖大な流通機構の中に没している版元と読者の貌をつき合わせてみたいということである。

現在、流布されている〈出版〉の概念と形態に対してアンチを提出したいのであるが、理念としても形態としても未だに明確な形をとりえない。明確でないままに出発するのであるが、このことの追求に全力をあげたいと思う。小社は企画の優秀を誇らない。ひそかに自負はあるが、より優れた編集者・出版者はごまんといる。小社は一冊の出版物の読者への渡り方において自覚的でありたい。それは企画にも反映するが、小社の存在理由は企画にのみ存しないと考える。

小社は（1）と同時に、（2）版元↔小売書店↔読者、（3）版元↔読者という流通形態をとりたい。（1）（2）は比較的視えるが、（3）がほとんど視えない。そして、それが最も重要である。通信も読者カードもありふれた方法であるが、このような初原的形態は重視されねばならぬ。宣伝はあまりせず、取次は中小一社であるので、読者の目にふれないことを惧れる。この読者にいかに手交するかが大きな課題である。

（これを目にされた読者の口コミをお願いしたい。新刊案内は今回はできなかったが、次回からは作るつもりである。）

・小社へ直接注文の場合、現金書留か振替を御利用下さい。送料は小社負担。払込料金小社負担の振替用紙も用意してあります。

ここまで読まれてきた方は、これが宮下さんの語られてきた弓立社を始めるにあたっての理念であることに気づかされるでしょう。

宮下　自分で書いていていうのも何ですが、これはずっとしゃべってきたことの要約ですね。

――だから宮下さんはずっとぶれていないんです。

私はまだ学生で、出版業界のことなど何も知りませんでしたが、これを読んで新しい出版社が立ち上がり、新しい出版形式で始めようとしているというメッセージを受け取ったように思いました。でも読者カードを送る習慣もなかったので、感応したけれど、出していない。私のような潜在的読者は多かったはずで、それも含めれば、読者カードはさらに数倍に及んだとも推定できます。

宮下　あなたのような読者が多くいたことも想像がつきます。

『自立の思想的拠点』が五年間で二万部ぐらいいったのではないかと先述しましたが、『敗北の構造』はそれをほぼ二年で達成してしまったことになる。

――いや、それ以上の達成ではないですか。そうはいっても徳間書店は知名度もありましたが、弓立社はまっさらの始まったばかりの小出版社だったことを考えれば、宮下さんがいわれたように、まさに「驚異的な浸透度」といっていい。そして弓立社と吉本隆明の組み合わせも同様だった。それはこのインタビューの冒頭で先述したとおりです。

宮下　吉本さんの本から始めたのは僕が吉本さんの愛読者から追っかけになり、『自立の思想的拠点』や『情況への発言』の編集者だったことからしても、必然的な選択、出版理念の体現でもあった。最初に吉本さんに相談した時、評論集が一冊分に足りなかった。それで講演集になったわけですが、その時、これからも講演集に決めようと思ったのです。というのは、弓立社は小さい出版社だから、吉本さんの評論集を出すのは悪いと思ったんです。講演集なら、どこもやりませんから。

それともうひとつ大事なのは徳間書店においても、吉本さんの本を最初に出しているので、橋川文三、島尾敏雄、奥野健男、磯田光一といった人たちも出版をＯＫしてくれた。逆にこちらの人たちから始めていたら、そういう広がりはなかったと思うし、吉本さんから出していったのは正解だった。それは文芸編集部の僕が企画担当ではなかった他の本でも同じで、安部公房や寺山修司や深沢七郎だってそうだったといえるんじゃないかな。だから弓立社も吉本さんの本から始めることは理念ばかりでなく、戦略でもあったのです。

34 『情況』と、『敗北の構造』の「あとがき」

―― それに関連して思い出すことがあります。吉本の『情況』（河出書房新社）は一九七〇年に出ていて、その中に「芸能の論理」という一章があった。

宮下 ありましたね、野坂昭如たちに点数をつけていたものですね。

―― それです。論じられていたのは野坂の他に、青島幸男、前田武彦、永六輔、野末陳平、大橋巨泉だった。そこで彼らは「テレビに登場してくるインテリまやかしの芸能人たち」として批判されている。

私はテレビを持っていなかったので、それを見ていないのですが、友人と『情況』のことを話していたら、そういえば、批判されていた彼らが全員テレビに出て、そのことをテーマにした番組が放映されたというんです。そうしたら確か野坂だったと思いますが、反論や文句をいうどころか、俺たちは吉本さんに批判されるだけでも身に余る光栄だみたいなことをいったらしい。それを聞いて、またまた宮下さんの言葉ではないけれど、左翼や学生の間だけでなく、そこまで吉本が浸透しているかと思った記憶があります。

宮下　何という番組だったか忘れましたけど、そういうのがあったような気がします。

――そうでしたか。確かにテレビも当時はちがっていましたからね。

それから『敗北の構造』には「風信」とともに、弓立社と宮下さんに関して、前にもいったように強く印象づけられた一文があります。それは他ならぬ吉本の「あとがき」です。これも引いてみます。

この講演集は、弓立《ゆだち》社を創設した宮下和夫氏の執念のようなものである。わたしに迷惑や患わしさを感じさせまいとして、気をつかって、隠れるようにしながら、テープ・コーダーを肩から下げてどこへでもでかけ、かれの手で録音し、また、かれの足で探しだした記録が、ほとんど、全てである。その労力は、言葉に絶するといってよい。けれど、もっと辛かったのは、その間の心的な体験だったかもしれない。あるときは主催者から、うさん臭気な眼でみられ、あるときは吉本エピゴーネンなどと陰口をたたかれ、もっとひどい場合、吉本をだしにして、物心ともに寄っかかって商売をはじめようとしているなどと悪評された。わたしのほうでも同様だ。あいつは、とりまきに担がれていい気になっているという批判は、いつも宮下氏のような存在とこみにして蛆のように沸きあがった。しかし、わたしは、かれらを嘲笑するだけだ。ためしに、わたしの著作やお喋言りから、良きをとり悪しきを捨てて摂取するとか、影響をうけたなどというだけで、宮下氏のような労力を払えるかどうかやってみるがよい。また、じぶんの著書は、できるだけジャーナリズムに高く売りつけたい著作家などに、わたしがやっていることが、できるかどうか試みてみるがよい。かれらには、宮下氏のような存在や、わたしなどの根柢にある〈放棄〉の構造が判るはずがないのだ。ちょっとしたオルガナイザー気取の男たちの存在などは、底の底までお見徹しで、どうってことはないが、宮下氏のような存在には、黙ってだまされてもよいとおもっている。

ここに語られている「〈放棄〉の構造」が宮下さんのいう「降りた」ところで、「後ろ向き」に弓立社を始めたことと重なっていることはいうまでもありません。

この「あとがき」は宮下さんと弓立社に対する本当の言祝《ことほ》ぎで、それに他者が何か付け加えるべくもありませんので、ここではこの「あとがき」にも見えている宮下さんの吉本の講演の録音事情などについて、色々うかがいたいのですが。

35　吉本隆明講演事情

宮下　僕は徳間書店から一冊、弓立社から九冊、吉本さんの講演集その他、また『吉本隆明全講演ライブ集』全二〇巻を出しているけれど、吉本さんから講演予定を聞いたのは一度だけで、徳間書店の『情況への発言』の時だけです。これは一九六八年に出るのですが、吉本さんは前年の十月から十一月にかけて、集中して東京と関西の大学で講演する。それを友人・佐藤悳哉《とくや》から聞いて、吉本さんの講演集を作ろうと思った。これが六七年の十月十九日のことです。それで翌日、編集長にその企画を伝え、吉本さんに会いにいき、関西まで一緒にいくことを了承してもらった。それ以外はまったく教えてくれたことはなかった。

――それもまたすごい話ですね。だって弓立社の九冊やライブ集だけでも百を超える講演が含まれているはずで、吉本の「あとがき」にあったまさに文字通りの宮下さんの「執念の産物」ということになりますね。

宮下　『情況への発言』のようなことは例外で、講演のほとんどは偶然に知ったものです。

そういえば、こんなこともありました。吉本さんのお宅で奥さんも交えて話をしていたところ、用事があるので出かけるけれど、あなたはゆっくりしていきなさいと吉本さんがいう。それで吉本さんが出た後、奥さんが「今日、お父ちゃんは講演なのよ」と伝えてくれた。それで驚いてしまい、あわてて追いかけたことがある。その時はカセットデッキを持っていなかったので、もちろん録音はできなかった。そういうことがあるくらい、教えてくれませんでした。僕がずっと講演を聞きにいき、録音していることをわかっているけれど、いわないんです。もちろんこちらから聞けば答えてくれますが、いつも聞くわけにはいかない。だから講演のことを知ったのはほとんどが偶然ということになる。だからできるだけアンテナを立て、少ないにしても書評紙や新聞などの案内記事、友人や主催者などからの情報収集にも務めていた。行けなかった講演は、後から主宰者に頼んでテープを借りたり発表されたものをもらったりした。

――そのようにして『敗北の構造』も刊行されたわけですね。本当に第一冊目からご苦労様でしたの一言を添えたくなるのですが、さらに踏みこんで、その経済的収支がどうであったかもうかがわせて下さい。

宮下 これも先述しましたように、一刷から七刷まで一年十ヵ月かかっている。(本書一〇四頁でいうようにこの部数はもっと多くなる。)それで定価千二百円で一万六千部の総売上が千三百五十三万円、総原価が六百四十一万円、粗利が七百十二万円となった。鈴木書店の支払い条件にも恵まれたことで、直接製作費は現金でスムーズに払えた。そしてこの利益がそれからの五年間の資金源となった。その後も製作費はほぼ現金で払ってきました。取次からの手形での支払いもありますが。だから僕は手形というものを受けとるだけで発行していません。

――この売上数字に見られるように、弓立社は出版社として幸運なデビューを飾ったといえるわけです。

第Ⅴ部

36 「生活費は出版以外で稼ぐ」

――宮下さんはさらに用意周到で、自ら課した原則があった。それもお聞かせ下さい。

宮下 出版が博打のような要素があることは重々承知していたし、弓立社を興す以上、潰したくないという思いも強くあった。潰れるということは多額の借金を背負うことですから、それは何としてでも避けなければならない。

それで次の三つの原則を自分に課したのです。生活費は出版以外で稼ぐ、出版はそれだけで収支をとんとんにする、赤字が一定限度を超せば止める。

――いやあ、これもすごい原則で、宮下さんがそれを早く教えてくれていたら、破産に追いやられる出版社が減っていたと思いますよ。始める前から、そこまでの原則を定めていた出版創業者は宮下さん以外に知らないし、なかなかそこまで創業前に先に待っている出版の悲哀というか、マイナスの場合のイメージを確立できない。もちろん私もそうでしたので。

ただ現在の出版危機にあっては出版社は万年赤字のような状況に追いやられているし、それは取次や書店も同様ですから、宮下さんの原則がよりリアルに映ってしまう。

宮下　それは強く感じます。例えば、「生活費は出版以外で稼ぐ」という原則だって、僕の場合は校正だから、これも他の出版社の仕事に他ならず、やはり本当に「出版以外で稼ぐ」ということにはならない。

——まさにそうです。出版物売上はこの二十年間で半減したといっていいですから、そうした外注仕事でさえも、単価の問題も含め、半減したんじゃないでしょうか。とすれば、宮下さんの原則もまた一九七〇年代から九〇年代までだから成立していたものかもしれない。

宮下　それもよくわかる。僕は徳間書店を辞めてから、校正の下請け仕事で生活してきた。編集プロダクション的な企画の売りこみ、取材や編集といったものではなく、単純に機械的にかかった時間だけの金が入る校正を選んだ。

それで小学館の『日本の歴史』、冬樹社の『島尾敏雄非小説集成』などや、新人物往来社、鶴書房の校正をしていたが、なかなか定期的に仕事が回ってこなくて、効率がよくなかった。小学館はまだ今のようなちゃんとした出版社じゃなかったし。

――宮下さん、つまらぬ注釈ですが、冬樹社と鶴書房はなくなっていますので、こちらも半減している。

37　講談社の校正十三年

宮下　本当にそうだね。それはともかく、ここでも原則を立て、①内容がやさしくて、②点数を多く出し、しかも、③ペイがいいところを選ぶべきだと考えた。ただそれに該当する出版社は講談社しかなかった。そこで講談社にいる知人・松村保孝君に頼み、校閲部長・今井健司さんを紹介してもらい、一応試験を受けて通り、その校正で十三年間の生活費を稼いできた。

――そんなに長く講談社の校正をやっていたのですか。

宮下　そう、一九七一年の講談社文庫創刊直後から八〇年代半ばまでやりました。ブルーバックスは百点以上、百科事典や東洋一という謳い文句の『医学大事典』全巻、もちろん多くの文庫や単行本も手がけました。本当によく校正し、よく稼ぎました。その例を具体的に挙げれば、十五年ローンで小さな建売住宅を都内に買いましたが、八年くらいで完済したほどでした。

―― 一度うかがったことのある西日暮里のお宅がそれだったんですね。

宮下 そういうことです。でも講談社も点数はともかく、売上は減少しているわけだから、僕のようなペイのよかった校正者もまたいなくなっているにちがいないでしょう。弓立社の最後の頃に五年近くまた講談社の仕事をしたけれど、激減していました。こちらの能力も落ちていたんですが。

―― それもそうですが、弓立社の仕事をやりながら長きにわたって校正のほうも続けることは大変だったと推測します。まして私などは校正が苦手ですので、余計にそう思います。そこら辺の事情はどうだったんでしょうか。

宮下 これは当時梶山季之《としゆき》などがよくいっていたことですが、フリーになった場合、サラリーマンだった時の年収の二倍を稼がなければならないとされていた。つまりサラリーマンの場合、交通費も会社から出るし、住宅や家族についても手当がつく。ボーナスもある。だがフリーになれば、それらの一切を自分でまかなわなければならないので、サラリーマンの年収の二倍が必要になるということです。

だから徳間書店の同期の連中の二倍を稼ぐということを目安にしていましたが、そうは稼げなかったでしょう。

——なるほど、でも短距離ではなく、長距離ランナーとしての仕事であったことに変わりはない。

宮下　だから出版を一人でやりながら（途中で結婚して二人になりますが）、片方で生活費を稼ぐということは容易ではなかった。出版のほうでも編集が終わったと思えば、営業の仕事があり、それに合わせて経理が連鎖して続いていく。これらも片手間でできることではないし、いつも校正と出版の仕事の両方が中途半端な感じに捉われていた。

そうするとどうしても校正のほうがおろそかになる。校正の仕事を長続きさせる秘訣は絶対に断らないこと、期日を守ることのふたつです。これだけは何があっても守ることにした。

——その原則もわかりましたが、校正に向き不向きというものはあるんでしょうか。私も会ったことはないのですが、色んな人に校正をしてもらっている。でもこちらの意図に見合った校正者には一人しか出会っていない気がする。翻訳の場合、原文を参照していない、つまり最初から語学ができない校正者に日本語上の直しを入れられ、それが全部誤訳になってしまうので、元に戻すのに苦労した覚えがあります。

宮下　弓立社からは翻訳書として、九〇年にダーク・ボガードの『レターズ』（乾侑美子訳）しか出していないので、翻訳の校正については何ともいえない。

先ほど講談社の試験にふれましたが、それは家に持って帰っていいという不思議な試験だった。でも一緒に受けた元北海道新聞の校閲部長は落ちてしまった。これは新聞と出版の校正は違うということです。活字の形そのものが違ったりしますから。

――とても興味深い話です。それで宮下さんはどうだったんですか。

宮下　それが講談社の校閲は最初はそれほどレベルが高くなかったんですね。徳間のレベルで充分でした。それが、どんどん上がっていったんですね。今では、出版界でも最高レベルのほうじゃないでしょうか。僕のほうは、校正の仕事を続けているうちにどんどんレベルが落ちていった。なぜかというと、次第に辞書を引かなくなったからです。原稿照合していく、あるいはゲラを読んでいく。その時気になるところがあれば、そこに爪で印をつけ、ゲラの端

を折る。そして全部終わったところで、まとめて辞書を引くようになってしまった。

これは年をとるにしたがって横着になってしまったこと、二足の草鞋を履いている苦肉の策だったことなどの理由が挙げられますが、こうしたことを続けていると、確実に実力は落ちてくる。僕の場合も校正を止める最後の一、二年は要注意人物として目をつけられていたはずで、見落しを指摘され、追いつめられていく気分になった。

―― それもよくわかります。笠井潔に『梟の巨なる黄昏』（廣済堂出版）という小説があって、彼の代表作でもないのですが、出版社の下請け校正者が編集者からねちねちと見落しを指摘されるシーンがあって、それをよく覚えている。おそらく編集の仕事をしていると、そうした強迫観念にもつきまとわれてしまうんでしょうね。

宮下 僕の場合は住宅ローンが終わって、校正の仕事を止めたら、正直なところほっとする思いだった。もちろん出版に専念したことで、収入はぐっと下がったけれど、あのまま校正の仕事を続けていたら、ノイローゼになっていたかもしれない。それにローンが終わったので、返済＝家賃がいらないのが大きかった。直後に『東京女子高制服図鑑』というベストセラーも出ますし。

38　『敗北の構造』に続く出版

――　思いがけずに二足の草鞋の片方のことは最後まで聞いてしまいましたが、弓立社のほうはまだ『敗北の構造』のところで止まっていますので、七〇年代に戻します。宮下さん、『敗北の構造』以後を続けて頂けませんか。

宮下　『敗北の構造』がロングセラーになっている間に、島尾敏雄『幼年記』、小山俊一『EX―POST通信』、橋川文三『新版・現代知識人の条件』、上村武男『高村光太郎』、矢野武貞『「吃音」の本質』を出していきます。特に『幼年記』は大増補版です。島尾さんと橋川さんの本は、徳間書店時代に出し、絶版になっていたものの復刻で、徳間書店の変節に対し、弓立社がぶつける出版の意志表示みたいなところがあったからオリジナルではなかったけれど、僕には重要な意味を持つ出版だった。

――　ところがまた部数をうかがって恐縮ですが、復刻部数としてどのくらい刷られたのでしょうか。

宮下　『幼年記』が三千部、『新版・現代知識人の条件』が二千五百部で、前者は千部重版しています。

それから地味な『EX―POST通信』は一刷千五百部、二刷千部、『「吃音」の本質』は一刷千五百部、二刷五百部、三刷五百部です。この二冊は『試行』のラインで刊行した難しい本だった。それでも重版でき、後者は四刷までいったと思う。これはどもりの本だけど、どもりの人やどもりに関心のある人が買うのではなく、思考の方法を知るための本として買われているのだと思った。それは前者も同じで、これらの出版は『試行』方式の勝利ではないかとも考えた。

――なるほど。ということは七〇年代前半は六冊出して、四冊は重版しているわけですから、宮下さんの取次選択、直販の販売戦略が功を奏していると見なしていいんじゃないでしょうか。

宮下 そこら辺は正直なところわからなかったね。出していくうちに暗闇の野原へ手ぶらで出かけ、どこに石ころやら窪みやらがあるのかわからない状態から、少しは闇に目が慣れてぼんやりと地形がわかるようになったというようなことを「風信」に書いたように記憶している。といって目が慣れてくるにしたがって余裕が出てきたのではなく、事態はまったく逆だという思いも強くなっていった。

――それもよくわかります。出版の恐さというのもまさにそれで、目が慣れるにしたがって余裕が出てくるのではなく、事態は逆だという出版環境は今でもまったく変わっていないはずです。

またこれもよくわかるのですが、一冊目に売れる本を出しますと、二冊目以後は重版したとしても、それに及ばないし、売上や取次入金も同様で、七六年になって吉本の二冊目『知の岸辺へ』を出さなければならなかった事情も察せられます。前にいわれたように、これは初版五千部で、仲間口座だけでも二千部の注文があったのですから、少しだけ気持ちの余裕がもたされたのではないかとも思います。

宮下 それは確かにそうではあるし、初版五千部ですぐに重版もしていますが、『知の岸辺へ』は一万五千部くらいの売れ行きで、反響も少なかった。時代と吉本さんの読者も変わり始めたのではないかと考えるようになりました。

今になってみれば、その時代における左翼学生運動の終焉よりも、日本の消費社会化というものが大きく作用していたとわかるのですが、そのとば口に入ったばかりで、我々もそのイメージをはっきりと捉えていなかった。

39　消費社会における出版と本の行方

――つまり消費社会における出版や本の行方に関してもですよね。

宮下　そうです。七〇年代に前述の著者たちに続き、松岡俊吉、池上達也、立中潤、井上岩夫さんたちからなる十七冊を出し、それらが橋川さんを除いて、すべて在野の物書きによるものであり、ほとんどが実質的な処女出版だったのは唯一誇れることだったのですが、このような企画を続けていっていいのかという思いに捉われ始めていた。それでも学者の本は出したくなかった。橋川さんだけは学者風でなく、例外です。
　また一九七八年には筑摩書房の倒産もあって、「良心的出版」「こころざしの出版」「学術出版」の危機が盛んに唱えられ始めた。でも僕はそういった言説が鳥肌が立つほど嫌いだったし、退廃した言辞だと考えていた。

――「風信16」で、そのようなことを書かれていましたね。

宮下　読んでくれていたのですね。僕の見るところ、「活字離れ」状況とは読者の多様な表現への分散とそれに伴う書物からの離脱という流れの顕在化だった。ただそれは弓立

「風信16」掲載弓立社常備店

社も例外ではなく、売れ行きは悪化し、読者の買わないというかたちでの出版業界への最大の批判を受けているのではないかと思っていた。

――七〇年代末には「風信」に見られるように、弓立社常備店として全国の書店や大学生協が九十ほど挙がっています。出版点数も増え、流通販売インフラも立ち上がりの頃と比べれば、とても整備されたように思われますが、売上には反映されていなかったのでしょうか。

宮下　残念なことに常備を組めるようになれば、経営状態もよくなるのではとの期待もあったけれど、それはまったくなかったといっていいし、停滞と閉塞感につきまとわれている状態が続いた。

そうしているうちに七〇年代が終わり、八〇年代に入り、それは深刻な危機感となっていった。六〇年代から七〇年代にかけてはそのほとんどを大学以来の六〇年代の蓄積でしのいできた。でもそれが二〇年も経つと怪しくなり、所謂制度疲労を起こしているのではないかと思えたし、八〇年代というのはそういったものが通用しない未知の時代ではないかと考えるようになった。つまりひとつの時代が終わり、次の時代がやってきていることも実感していた。

――これは私見ですが、宮下さんのいわれた七〇年代後半における危機意識というのは出版業界全体を覆っていたものでした。それは再販委託制による停滞と閉塞感でもあり、そうした出版流通システムの改革へと向かうべき時代でもあり、前半の「ブック戦争」がその前兆だったと見なせます。ところがそこに八〇年代からの販売市場において、郊外型書店の出店ラッシュが始まり、複合店化、大型店化していき、それらはバブル出店以外のものではないわけです。そのバブルの清算を迫られているのが、現在の出版業界の状況だと認識しています。ですから出版業界の危機も七〇年代後半に始まっていたと考えられます。

40 八〇年代を直視する

宮下 それも今になればよくわかるけど、出版業界全体は出版社、取次、書店からなり、いわば図体が大きいから、全身で考えることは不可能だったでしょう。幸いにして弓立社は身軽だったので、全身を傾けるようにして、八〇年代というものを直視しようとした。それに合わせて本当に尻に火がついたように、出版のことを自覚的に考え出した。八

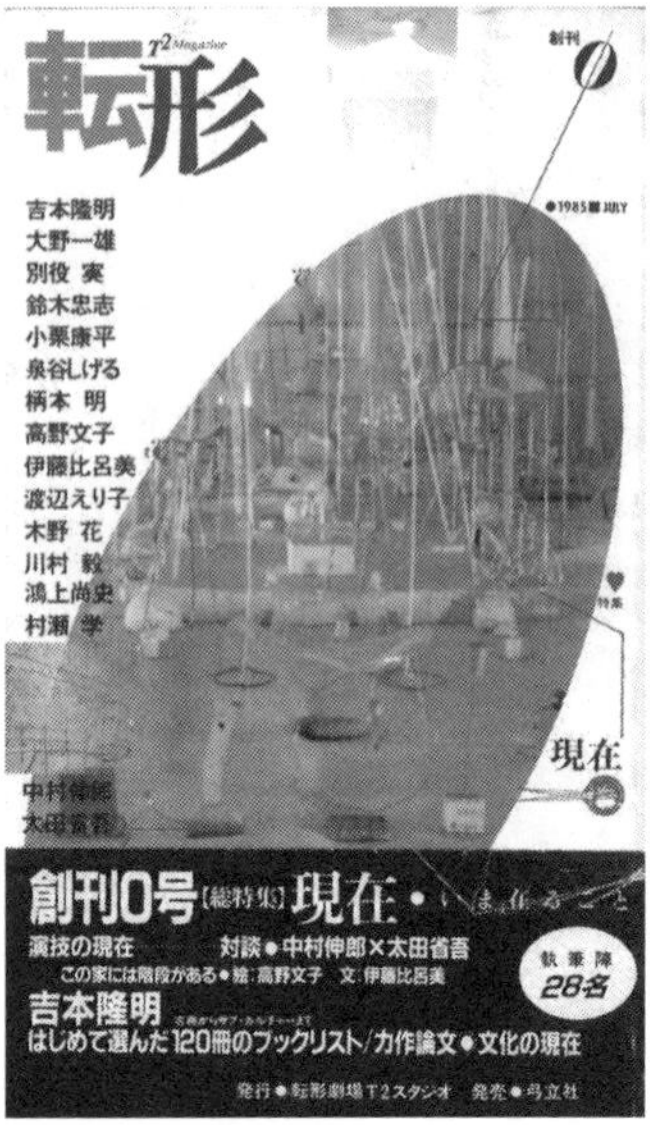

○年というのは僕の四○歳前後ですが、中年クライシスの時期でもありました。ダンテの『神曲』にある「人生の半ばにしてわれ道に迷いたり」というやつです。四五歳くらいまできつかった記憶があります。

その一方で、前に話しました太田省吾とそれらのことをよく話した。彼は転形劇場という劇団を主宰していて、今は著名な俳優・大杉漣などもそこに属していた。アングラ劇団といっていい転形劇場の動員数と弓立社の出版部数はほぼ同じだった。三千くらいですね。その「数」の意味について、よく語り合った。太田も狭い穴に首を突っ込んでいると自覚していたし、僕もそうだったからだ。

――それで八○年代に雑誌『転形』が二冊出ているのですね。

宮下　転形劇場は一九七○年に赤坂の工房で活動を開始し、七七年に『小町風伝』で画期的な舞台空間を作り上げ、世界的な意味で広い世界に向かおうとしていたし、それに寄り添うかたちで刊行したものです。九〇年に転形劇場は二十年の活動に終止符を打ちますが、その軌跡『水の希望—ドキュメント転形劇場』も弓立社から出すに至っている。太田との話や関係もあって、僕は自分のやってきた出版がアングラだったと自己認識するようになった。そしてそこから違う世界に向かおうと思い始めていた。

—— それが七〇年代と異なる弓立社の出版物にもダイレクトに反映されていった。

宮下 それは「風信」も同様で、七〇年代に想定していた読者像をはっきり捉えられなくなったからでもありますが、「風信17」で自分の文章を入れることを止めた。だから「風信18」も出していますが、そこには断絶がある。

—— 確かに「風信18」は書店別配本数リストの色彩が強い。明らかに変わってきている。

宮下 それには読者像の問題だけでなく、理由がふたつあります。ひとつは径書房の原田奈翁雄が「径通信」という「風信」に形も内容もよく似たものを出し始めて、それが読者にこびているような文章で、自分を「良心的出版」「こころざしの出版」に擬していた。それは僕の立場とは異なっているのだけれど、遠いところから見ると、自分の表現とあまり違わないように見えるだろうと思ったからです。

ふたつ目は『本の雑誌』と椎名誠の登場です。そこに示されたような自然な文体で、自分の問題が書けなければ、「良心的」とか「こころざし」の中にくくられてしまうと思い、その葛藤から書けなくなってしまった。

――実はその文体のことなんですが、この「出版人に聞く」シリーズで最も私がこだわっているのが話体のことなんです。吉本が蓮實重彦と柄谷行人の対談『闘争のエチカ』(河出書房新社)の話体を批判し、『ロッキング・オン』のセックス・ピストルズのジョン・ライドンへのインタビューを引用し、その話体をほめていた。

宮下 『大衆としての現在』(安達史人インタビュー、北宋社)ですね。

――そうです。私もそういった話体を心がけているけれど、成功していないし、少しなりとも近づいたのはあえてタイトルは挙げませんが、一冊だけではないかと思っている。もちろん私のインタビューの拙さゆえですが、インタビューされるほうも上下《かみしも》をつけてしまう傾向もあるので。

宮下 僕もそれは気をつけないと。

――いや、宮下さん、そんなに気にしないで下さい。それを気にすると前に進めなくなりますから。それとこの際ですから付け加えておきますが、原田と椎名の文体はまったく違うけれど、その背後にあるメンタリティはかなり接近しているんじゃないでしょうか。でもそれは別のテーマになりますので、どうぞ進めて下さい。

41 『言葉という思想』の出版事情

宮下 八〇年代に入って、そのふたつの問題もあったが、それと関連して起きたのがベルリンの壁崩壊やソ連邦解体で、八〇年代の象徴的出来事だった。

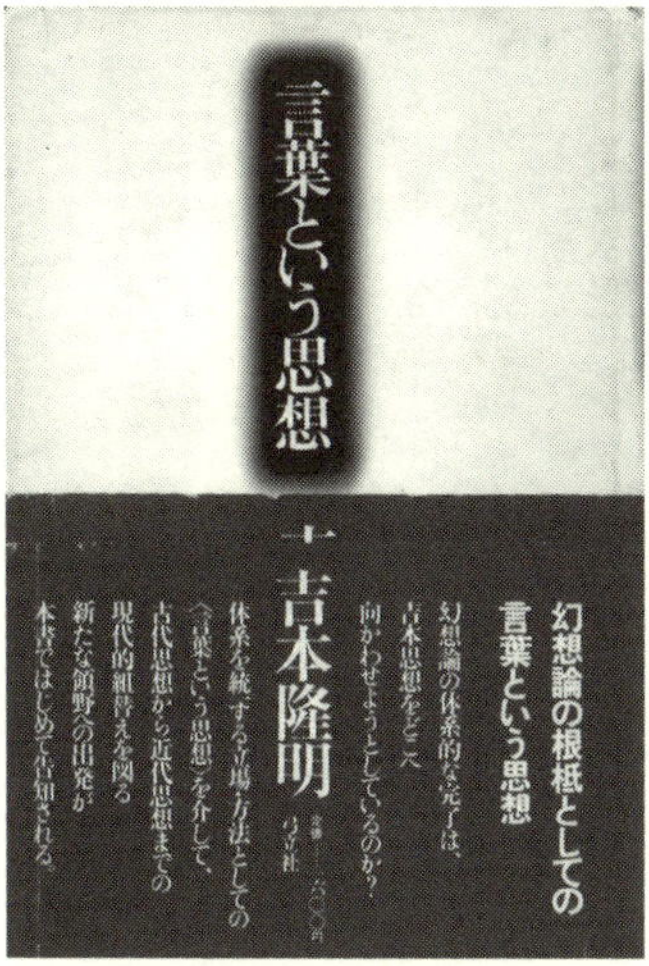

吉本さんの『言葉という思想』の刊行は一九八一年で、まだソ連邦解体やベルリンの壁崩壊には至っていなかったが、そうした弓立社の危機や「風信」の問題と重なる状況の中で編集した一冊となった。これは初めての経験といえるものだった。

――最初は「言語の思想論」というタイトルだったと聞いていますが。

宮下　勁草書房の三冊で中断した『吉本隆明全著作集（続）』の中の一冊のタイトルの「言語の思想論」からきている。だがまだ吉本さんの書いた文章には「言語の思想論」も、タイトルとなった「言葉という思想」も見出せなかった。

僕は吉本思想の心象現象論、対幻想論、共同幻想論を体系的に統一する立場、もしくは方法は「言語の思想論」に他ならないと考えていた。だからこの一冊をどう編集し、どう売るかが自分の中の大きな課題としてせり上がってきた。それを考え抜くことが時代を考えることだと思ったからです。

――それはつまりこれまでの吉本本の編集とは異なっていたことになりますか。

宮下　そう、タイトルから始まって初版部数に至るまで、『言葉という思想』ほど、吉本さんと最後まで詰めたことは、後にも先にもなかった。

――それはどんな感じだったんですか。

宮下　まずタイトルの問題ですが、僕は「言語の思想論」を主張した。「論」という硬い語調が吉本さんに合うというのが理由だった。ところが吉本さんは「言葉という思想」に固執した。それは「という」の部分にあるやわらかさと曖昧さがいいとの反論でした。徳間書店時代以来、タイトルは全て僕の提案通りでした。でも今回のやりとりはかつてなく激しいものだった。最後には弓立社と吉本さんの現在における立ち位置の相違にまで踏みこむことになった。

吉本さんの言によれば、弓立社は狭いところに向かっているように見える。それに対して、自分は「左翼吉本」から、もっと広いところに出ようとしている。だから両者はXのかたちで違う方向に向かっているし、違う地点で出すことは考え方も違ってくる。それは初版部数にも表われてくるだろう。部数はいくらを考えているのかという。

それで僕は八千部を考えているというと、吉本さんは六千部くらいがいいのではないかといった。それで結局のところ、初版は吉本さんのいう六千部にした。しかし、すぐ重版になり、わかっている限りでいうと、一月初版で三月に五刷一万六千部になっています。これも二万を越えていますね。普通、著者は多い部数をいうものですが、吉本さんは違うんですね。

――『言葉という思想』のトップには「幻想論の根柢」が置かれ、それにタイトルと同じサブタイトルがつけられていますが、ここら辺の事情はどうなんでしょうか。

宮下　「幻想論の根柢」は七八年に同志社大学で行なった講演で、これを聞いた時、僕としてはこれが次の本の核になると確信した。それで吉本さんにこの講演を中心にして一冊を編みたいと申し出て、「幻想論の根柢」が「言語の思想論」に当たるのではないかと訊ねたところ、そうだということだった。

——それで初版の帯文の見出しが「幻想論の根柢としての言葉という思想」で、次に「幻想論の体系的な完了は、吉本思想をどこへ向かわせようとしているのか？　体系を統一する立場・方法としての〈言葉という思想〉を介して、古代思想から近代思想までの現代的組替えを図る新たな領地への出発が本書ではじめて告知される。」と続いている。そしてこの「新たな領地への出発」が吉本だけでなく、弓立社自身であることも示されている。

宮下　『言葉という思想』は帯文もそうですが、それぞれの講演タイトルにも工夫をこらし、内容が具体的に伝わるようなタイトルへと変えました。吉本さんの講演は「……について」というのが多いのですが、全て明確にした。例えば「シモーヌ・ヴェーユについて」は「シモーヌ・ヴェーユの意味」、「ホーフマンスタールについて」は「ホーフマンスタールの視線」、「『生きること』について」は「『生きること』と『死ぬこと』」という具合です。

だから、何が論じられているか、すぐにわかる。そしてそれらがサンドイッチの中身のようになり、長文の「あとがき」によって閉じられるかたちをとっている。

それからもうひとつ留意したのは意図的にスリムな本とすることでした。これまで吉本さんの本は四〇〇ページを超えていましたが、『言葉という思想』は二八八ページで、定価も千六百円とし、それまで自分でやっていた装丁も初めてプロの装丁家東幸見に頼んだ。当時はみんな編集者が装丁もやったもんです。今の吉本さんには紫が似合うという米沢慧の意見で紫を基調とした。これらもすべて新しい試みだった。それほど吉本さんと激しいやりとりを交わし、本の隅々まで目配りして出版するのは初めてのことだった。だがこれらのことを通じて、揺らいでいた自己規定と方向性がはっきりしてきたように思われた。

―― 私などは読者として、「風信」の代わりにA3の表裏を使った『言葉という思想』の付録「'70―'80 時間と対象方向を軸とした吉本隆明作品分布図」に驚いた。それと同時に、「情況にたいして必死で本を作ったつもりです。出版情況について発言すべき必然はありますので全く放棄するつもりはありませんが、異なった接近を試みたいのです」という宮下さんのリアルな記述にも、社会の変化と伴って起きている出版の変容を感じましたね。

こうしてあらためてうかがい、見えていなかったそれらの事実を再確認したことになります。ところでそれらの新しい試みは井上ひさしによる『朝日新聞』（八一年二月二四日）

夕刊の「文芸時評」の一回分を丸ごと使った紹介と書評へと結びついていったと見ていいんじゃないでしょうか。

宮下　あれは出版社としては有り難かった。一月に出して、二月に井上ひさしが『朝日新聞』の「文芸時評」一回分で紹介するというのは異例のことだった。それもあって吉本さんがいった初版六千部はすぐに売り切れ、たちまち重版になり、半年後には二万部に達した。これで何とか八〇年代もやっていけるんじゃないかとも思ったりした。

42　小浜逸郎『太宰治の場所』と大友克洋

――それで弓立社の新しい展開が始まっていく。まずそれを意識したのは小浜逸郎の『太宰治の場所』で、この装画が漫画家の大友克洋だったことです。中身はアングラだけれど、外見は最新流行を装っているように見えました。大友は一九八〇年に『童夢』の連載を始めていましたが、単行本化されるのは八三年なので、まだ一部で知られている漫画家だったはずです。どういう経緯だったんでしょうか。

宮下　それこそ広いところに出ようとしても、すぐに変われるものではない。だからまず手始めに企画をマイナーからマイナーメジャーへと移していくつもりだった。その一環として、装丁をまだ売れていない優秀なデザイナー、メジャーになりつつある好きな漫画家に頼むことにした。

それで『太宰治の場所』の装画を大友克洋さんに依頼した。小浜さんの文体と大友さんの絵の線が時代として近似していると思ったからだ。大友さんはこんな依頼は初めてだといって、喜んで引き受けてくれた。ところができ上がったのは秋の草花の中に着流しの太宰治が立っているという構図で、「昭和残侠伝」の池部良みたいな雰囲気だった。それは

僕の求めていたイメージと違っていたので、具体的に細かく示し、書き直してもらった。

太宰は三九歳で死んでいる。それは大友さんがよく知っている編集者たちの歳だと思う。だからそれを考えて描いてほしいし、着物ではなく、背広がいい。太宰が背広姿で銀座の酒場ルパンの止まり木に座っている有名な写真があるから、あの感じを出してほし

い。背景は現在の吉祥寺辺りがいい。太宰は三鷹に住んでいたので、当然吉祥寺によくいったはずだし、大友さんもよく知っているだろうからと頼んだ。

それに応じて、大友さんは僕の依頼にそった別ヴァージョンを届けてくれた。僕は気に入り、東幸見に装丁を頼んだけれど、著者の小浜さんはあまり気に入らなかったようだ。

――それは何となくわかりますけど、大友のイラスト集『ＫＡＢＡ』（講談社）に収録されたふたつのイラストを見ますと、後のほうが決まっているのは歴然です。装丁だけでも広いところに出ているというか、こちらは陽が当たっている。ところで装画料はいくらだったんですか。

宮下 文芸評論で売れる本ではないので、三万円で頼んだ。もう一枚描いてもらったことになりますが、それでいいといってくれました。

43 鴻上尚史『朝日のような夕日をつれて』

――それはよかったですね。今だったらそんな金額ではすまないし、まして文芸書の装画などを引き受けてくれないでしょう。次にこれは一九八三年ですが、鴻上尚史の戯曲

『朝日のような夕日をつれて』を出していますが。

宮下　広いところへといっても、それは簡単ではないし、試行錯誤の連続だった。そうした中で、早稲田の大隈講堂裏で公演していた鴻上の『朝日のような夕日をつれて』を刊行した。アルバイトにきていた早大生の宮永潤が面白いというので、見にいったことがきっかけだった。完璧に学生演劇ですよ。でも僕は芝居世代だから、六〇年代からよく見ていたし、初見でその新しさと面白さがわかった。それで芝居小屋を何度も回り逡巡し、出版を申しこむかどうか、本当に悩んだ。

鴻上尚史『朝日のような夕日をつれて』

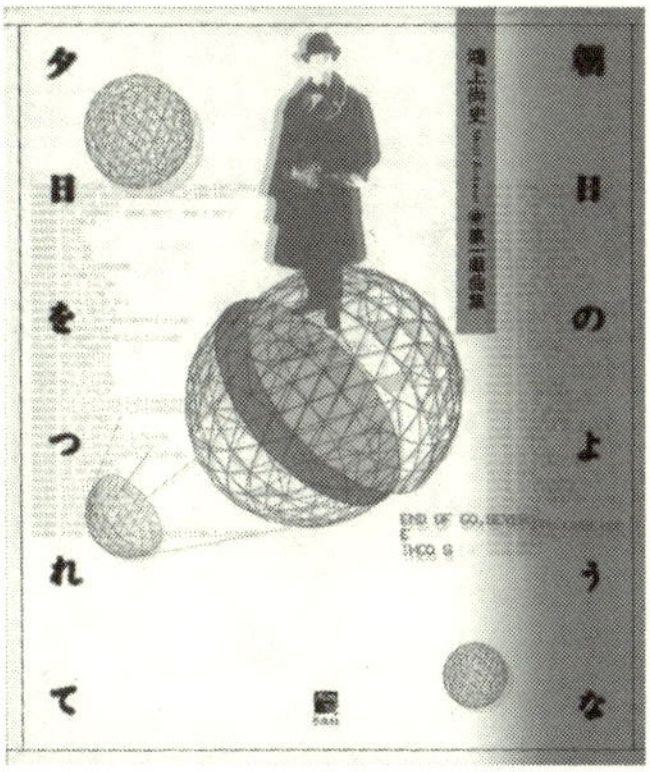

ところがオファーしたら、今まで出版の話が持ちこまれなかったようで、出したいといってきた。それから鴻上さんは一週間ほどして、劇団総出で『朝日のような夕日をつれて』の他に、『宇宙で眠るための方法について』と『スワン・ソングが聴こえる場所』の三部作を書き上げて持ってきた。

それでまだ無名の大学生の戯曲集だから、色んな工夫をした。戯曲は売れないというのが相場なので、通常は二作入れるのに一作だけにし、芝居の臨場感を出すために写真をふんだんに入れ、判型も四六判ではなく、Ａ５変型の正方形に近いものにしておしゃれな感じを出した。それに劇団の千社札風ステッカーとじゃんけんして勝ったら役者と握手できるじゃんけんサービス券という二大付録もつけた。この本のデザイナーはまだ筑波大学の大学院生の鈴木成一で彼の装丁第一号になった。付録も含めて、若い人たちに受ける装丁に仕上がったと思う。その後彼はトップクラスのブックデザイナーになった。

それらもあってか、初版千部はすぐに売り切れ、鴻上自身もどんどん売れ始めた。ラジオの深夜番組『オールナイトニッポン』で、ビートたけしの後の第二部に出るようにまでなった。公演も数年で紀伊國屋ホールでやるようになり一ヵ月のロングランを打つようになった。これは当時、紀伊國屋ホールで一月公演を打てるのは、井上ひさしと野田英樹と鴻上尚史の三人だけだったんです。それで『朝日のような夕日をつれて』もロングセラーになり、二万部を超えたし、後の二作も出して、こちらもかなり売れた。

―― そういうプロセスを経て、鴻上は売れっ子になっていったんですね。

宮下 でも本として売れたのも、鴻上が売れっ子になったのも、時代のトレンドとクロスしたからで、分野として広くなったのが演劇かもしれない。売れ行きに関連していると鴻上尚史『朝日のような夕日をつれて』

思うけど、地方の高校の演劇部から上演許可願いがきたりしていたから、当時の演劇ブームが地方にまで及んでいたことがわかります。戯曲集はこの他に遊◉機械／全自動シアターの『学習図鑑』もあります。こちらは全然売れなかった。青い鳥も好きで出したかったけど言い出せなかった。

―― 広くなっていたのは演劇ばかりでなく、美術の分野も同じで、中村信夫の『少年アート』も売れたと聞きましたが。

宮下 これは八六年だったかな。中村さんはロンドン大学大学院で彫刻を専攻して帰国したばかりだった。それで『美術手帖』に短文を数回書いたくらいだったけど、話をしてみるとその美術批評の水準の高さに驚き、「アートワールドとアートシーン」といった重要な問題を知らされた。ただ本にするには文章が硬すぎた。でも話術は実に巧みだった。それで聞き書きという初めての試みをしてみた。僕が主として聞き手となり、まだ大学生で、今「編集スパ

ルタ塾」で有名なスーパー編集者・菅付《すがつけ》雅信にアシストしてもらった。難解な美術批評の世界にあって、その口語体は新鮮で、初版千五百部だったにもかかわらず、パブリシティも朝日新聞の「ひと」欄を始め多く出て、美大生のバイブルのような一冊になり、これも二万部を超えた。

でも演劇書にしても美術書にしても、売れたのはバブルの時代を抜きにして語れないかもしれない。

44 箕輪成男出版三部作

――それはもちろんあるんでしょうね。ところで売れた本ばかり続いてしまいましたので、ここで箕輪成男の出版三部作に関してふれて頂かないと。

宮下 僕は『試行』に影響されてきたから、大学の頃から小出版社の形態には常に関心を払ってきた。それで「自立出版」を称する深夜叢書社に近づいたこともあったが、販売や経営に無関心な彼と喧嘩別れの結果となり、幻滅する思いだけが残った。

それでも「自立出版」というテーマは手離さず、弓立社を立ち上げる時、そして変貌しようとする時も、そこに中心点が置かれていた。そうはいっても創業の頃は出版に関して参考となるべき本がろくになく、西谷能雄の『出版とは何か』（未來社）だけしかなかったのだから、お粗末極まりない状態だった。

――そういえば、鈴木敏夫の『出版―好不況下興亡の一世紀』（出版ニュース社）を読んで、部厚いだけで何の参考にもならなかったといってましたものね。でも私は宮下さんから戦前の関根康喜の『出版の研究』（成史書院）を教えられ、こちらは面白かった。

宮下　曲がりなりにも参考になったのは新潮社などの創業者による『出版人の遺文』（栗田書店）シリーズです。ただ八〇年代における出版状況と重ねるわけにはいかないところがある。関根さんの本にしてもずいぶん面白いし参考になる本だけど、知ったのは随分後だから。

そんな時に芳林堂の江口さんから箕輪さんの論文が面白いと勧められた。読んでみて、目のさめるような論文群だと思ったし、本当にびっくりしてしまった。何といったらいいのかな、出版評論、出版学とでもいいましょうか、僕はこの分野のものをかなり読んできたつもりだったけれど、これほどのものに出会ってこなかった。

当時箕輪さんの単行本はまだなかったので、訳書の『出版経営入門』（出版同人）、『大学

出版部』（東京大学出版会）などを読み、これらにも感心した。日本の出版関係書とはまったく違っていたからだ。この訳書の選択を考えても、箕輪さんが優秀な出版経営者だとわかった。

それですぐに出版を申しこんだ。箕輪さんは東大出版会の創立メンバーで、ずっと実質的社長に当たる専務理事を務め、その頃は国連大学学術情報局長兼出版部長だった。またオックスフォード大学出版部などを始めとする世界の著名な大学出版部からなる国際大学出版連盟初代会長でもあった。出版の申し出を喜んで了承してくれて、国際水準では版元の規模の大小は問わず、企画のみが大事なのだということも教えられた。

そしてまず一九八二年に『情報としての出版』を出し、八三年に『消費としての出版』『歴史としての出版』と続き、弓立社の「出版三部作」となるわけです。これは前に話しました現代評論社の今野隆が大和書房の営業部に移っていたのですが、内容に共感し、手弁当で販促をしてくれた。またこれも装丁を工夫し、『情報としての出版』は普通の四六判ハードカバー、『消費としての出版』は軽めにして四六変型判ソフトカバー、『歴史としての出版』は学術書に近いので、Ａ５判ハードカバーと三冊違うかたちで出している。

――いずれも東さんの装丁で、よく覚えています。

ところでこれは続けて刊行された「出版三部作」ということもあって、色々と書評も出たし、確か岩波書店の編集者と著者の論争めいたことも起きたような記憶もあります。

宮下 確かに色々と書評が出ましたが、僕にとって最も印象に残っているのは『消費としての出版』に東販（現・トーハン）の上層部が感激したことですね。それまでは左翼的発想で大取次は悪だというのが前提になっていたようなところがあったが、この本は大取次擁護論を展開しているからです。

――おそらく取次の人たちも、鮎川信夫が『週刊文春』に書いた『消費としての出版』の書評（『時代を読む』所収、文芸春秋、一九八五年）に触発されたのだと思います。

宮下 僕もそう思う。鮎川さんのあの連載コラムは人気がありましたし。でも付け加えておけば、その中での鮎川の「ロス疑惑」に関する見解によって、吉本さんと袂を分かつことになった。

—— そうでしたね。

宮下 それはともかく、東販は社員に読ませるために『消費としての出版』を二百部買おうとして、初めて弓立社との取引がないことに気づいた。それで接触してきて、即座に口座が開設された。大取次との取引の始まりとなったけれど、小取次との経験を十年も積んできたので、もはやためらいはなかった。ただ、一言「注文を中心にしていきます」といったのが、委託口座なしと伝わって、後々の弓立社を苦しめていきます。

—— そういえば、「出版人に聞く」シリーズ15の小泉孝一さんの『鈴木書店の成長と衰退』は取次の人たちもかなり読んだようで、大阪屋の幹部は全員読んだと聞きました。

宮下 それは充分に考えられる。まさに時宜を得た出版だったし、取次に関する本はこれまで出されてこなかったものね。

ところで箕輪さんの「出版三部作」を出して予想外だったのは、これが日本よりも海外で評価されたことです。九〇年代に出版関係者たちとアメリカの出版流通視察に行って議会図書館を訪問したことがあった。そうしたら、そこの東洋部門の責任者の人たちにこの「出版三部作」の出版者であることをものすごくほめられ、大歓迎を受けた。それからロサンゼルスに回ったのだけど、僕のことを聞きつけたアメリカの出版社の日本支社長が帰国を伸ばし、待っていてくれた。

――吉本の著作の出版者であることへの言及はなかったのですか。

宮下 それが残念なことに、吉本のよの字も出なかった。

それは韓国でも同様で、今世紀に入って韓国に出版流通視察にいった時、出版関係者から歓待された。韓国では日本語のままで教科書になり、その後、韓国語訳が出ている。その前には、韓国の出版学会会長が箕輪さんと弓立社を訪ねてくれたりもした。

また英訳、中国語訳も出ていて、箕輪さんも初版三千部だった「出版三部作」も、日本よりも海外での評価が高い。

――ただ日本ではマイナーな評価も出されていますので、恐縮ですが、それらも批評的一面ですし、あえて述べておきます。

私も当時頼まれて『消費としての出版』の書評を書きましたが、本や雑誌が動いているイメージ、つまり流通販売に関するイメージ、それが欠けているのではないかという印象があった。それから晩年に箕輪本人が自分の出版論は取次のことをまったくわからないで書いているとの告白を読み、やはりそうだったのかと思いました。

それから「出版三部作」に関して、未來社の西谷能雄が私に、東大出版会しか知らない人間に民間の出版社の本当の実状や苦しさがわかるものかと苦々し気にいったことをよく覚えています。

宮下　そう、箕輪さんは東大出版会だから、あんまりそういうことは知らないで、大きい数字とデータから論じている。だから西谷さんのような人にはカチンときたんだろうね。でも大所高所から大きい数字を駆使して分析する箕輪さんの出版論はカッコよかったですよ。

「出版三部作」の著者として、出版学会会長も務め、それをものすごく喜び、出版の歴史の本を五冊出し（出版ニュース社）亡くなったわけだから、本望だったんじゃないかと出版した僕としては満足しているところがある。さっきもいったけれど、弓立社の所帯の小ささなどをまったく意に介さず、出版することを決めてくれたのは学ぶべき対応だとも思ったからです。

45　猪瀬直樹『日本凡人伝』

――　なるほど、それはよくわかります。なかなか本を出しても、その後の幸福が保証されるかどうかは難しいところがありますからね。
さて次にこれも一九八三年の猪瀬直樹の『日本凡人伝』で、『歴史としての出版』の次に出されています。これも広いところに出る企画の一環ですし、著者の猪瀬はその後まさに広いところに出て、その挙げ句に失脚してしまう回路をたどる象徴的人物のようにも思われます。

宮下　この企画は大手出版社との競合もあり、僕や著者の色んな思惑が渦巻く広いところで刊行した一冊になります。

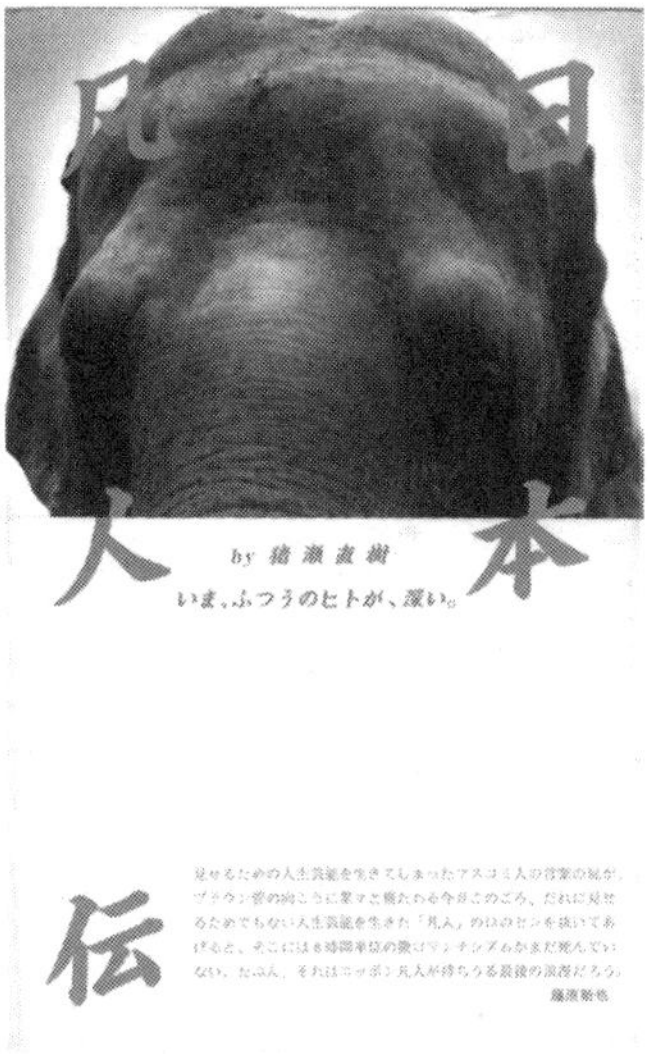

猪瀬直樹『日本凡人伝』

猪瀬さんとのつき合いは彼が信州大生の時からで、吉本さんの講演会を開きたいが、どうすればよいのかという問い合わせから始まっている。その後明治大学大学院の橋川文三ゼミに入り、ライターになり、僕の友人がいる『現代の眼』に書いたりしていたので、深くはないが、関係は続いていた。その彼が流行通信から出され、人気

があった『スタジオ・ボイス』に「日本凡人伝」を連載し、ちょっとした評判になってい
た。そこで出版を申しこんだところ、すでに新潮社、流行通信、かんき出版などの大手出
版社からのオファーが出されていた。ところが弓立社に決まった。

――あまり考えられない決定ですが、それはどういう経緯と事情だったんですか。

宮下　猪瀬さんの思惑は次のようなものだった。新潮社などの大手は書名やデザイン、部数や定価などの重要なことを、担当編集者と話し合って決めても、上にいくに従ってまったく違ってくる。それが弓立社だったら、一人の判断で決められるし、この本は自分がこれまでと違う若い読者に出会う初めてのものになるから、その意味で出版社の大小は問題ではないし、自分のイメージに近い本にするのが重要だ。

――猪瀬がそれまで出していたのは『昭和16年夏の敗戦』（世界文化社）、『天皇の影法師』（朝日新聞社）の二冊で、どちらかといえば、地味なノンフィクションで、インタビュー集『日本凡人伝』とはまったくコンセプトが違っていた。

宮下　そういうことで、『日本凡人伝』に関しては猪瀬さんにとっても弓立社にとっても、デザインや定価やパブリシティなどがそれまでとは比較にならない企画になった。パブリシティで彼と一緒に講談社や文藝春秋を回ったりして、『噂の真相』に揶揄され

たりもしたほどです。それもあって、最大のパブリシティが『週刊文春』の「文春図書館特集・一冊の本の上流から河口まで」として出された。これは後にも先にもない企画で、四ページ丸ごとの『日本凡人伝』特集で、これに関わった著者や出版者の僕から、雑誌編集者、デザイナー、帯文を書いた藤原新也、紙、印刷、製本、編集、取次、書店に至る十七人を同じ大きさの写真入りで登場させ、まさに『日本凡人伝』という「一冊の本の上流から河口まで」を取り上げたものです。

――思い出しました。本当に異例の特集で、詳細な原価計算書まで掲載されていて、売れるといいなと考えたことを。

宮下 これは後に文春の社長を務めることになる敏腕編集者・平尾隆弘さんが週刊文春の書評欄の編集者として長く温めていた企画で、この記事のインタビュアーの一人は今は亡き瀬戸川猛資だった。

――平尾は先に挙げた鮎川の『週刊文春』のコラム連載を企画した編集者で、『宮沢賢治』(国文社)の著者、『週刊文春』『文藝春秋』の編集長を経て社長になる。瀬戸川は本の探検マガジン『BOOKMAN』の編集者で、本や映画に関するエッセイ集『夜明けの睡魔』『夢想の研究』(いずれも早川書房)の著者、そして後にトパーズプレスを興し、双葉十三郎の『ぼくの採点表』などを出版していく。残念ながら瀬戸川は九九年に亡くなってしまうのですが。

特集に名前が挙げられている人たちの他に、これらの表に出ていない編集者たちも加わっているわけですから、宮下さんも広いところに出たと感じたんじゃないでしょうか。

宮下 確かに僕もそれを実感したし、これまでと違う場所に出たと思った。初版は五千部だったが、この特集のおかげで、二千部重版した。ところが『日本凡人伝』には僕にとっては面白くない後日譚があって、一年と二ヵ月後に新潮文庫に入ってしまった。異例の速さの文庫化で、大手出版社との激しい攻防、その中で生き抜いていかなければならない著者への共感と反発を覚えた。そしてこれはアングラ出版では得られない体験だったといえる。

―― でもそれは序盤戦で、出版にしても会社にしても大きな離陸を経験することになるわけですね。

第Ⅵ部

46　森伸之『東京女子高制服図鑑』

宮下　そう、まずそれまで自宅においていた弓立社を神田神保町の寿ビルに移した。成算があったわけではなかったんですが。それは一九八五年三月のことだった。昭和二年くらいに出来た趣のあるビルで、最初は机三つ置いたら一杯というくらいの広さでした。でも、天井も異様に高く、素敵なビルだったので狭くても気持ちよく通えたと思います。後に隣の冨山房の地下にフォリオという喫茶店が出来、よくそこで校正したり、著者やデザイナーとの打合せをしました。弓立社の会議室のように使わせていただきました。冨山房インターナショナルの社長の坂本喜杏《きつこ》さんともおつきあいいただき、林兼明の『神に関する古語の研究』という大著の編集のお手伝いもしました。思い出深い喫茶店です。

そういえば、神保町は思い出深い喫茶店や書店・古書店、食堂などが沢山ありますね。次に引越したのは有名な喫茶店さぼうるの隣でしたし。

移転と並行するかたちで、森伸之君の『東京女子高制服図鑑』の企画を進行させていた。僕はその頃よく同人誌やリトルマガジンを漁っていた。中森明夫の『東京おとなクラブ』などが異彩を放っていた。
――私も最近『日本古書通信』に七月堂から出され、地方・小出版流通センターを取次として流通販売されていた八〇年代の同人誌やリトルマガジンのことを書いたばかりです。この時代は『本の雑誌』や『広告批評』の隆盛を背景に、同じ地方・小出版流通センター経由でかなりのリトルマガジンが創刊された。先の『BOOKMAN』や『東京おとなクラブ』もそうだった。

宮下 そうした流れの中から森君も出てきたといえる。『360°』という同人誌があって、これは神戸勉と先述の菅付雅信の二人が同人でしたが、その神戸が彼を弓立社に連れてきた。森君は国学院大学の三年生で、赤瀬川原平の美学校の生徒でもあった。彼は数冊のノートを持参していて、それは五年がかりで調査し、東京中を完璧に網羅した女子高生のイラスト集だった。僕は一目見て、その高度なイラストと絵の線に驚いた。そのような本は考えたこともな

森伸之『東京女子高制服図鑑』

かったが、ためらうことなく、すぐに出版を決めた。装丁は南伸坊さんに頼んだ。

――そうだったんですか、それは迂闊にも知らなかった。

宮下　南さんの意見が本の基本コンセプトに大きく作用した。タイトルも最初は『東京女子高制服カタログ』とするつもりでいたが、『カタログ』を『図鑑』にした。本文用紙も林真理子の『ルンルンを買っておうちに帰ろう』（主婦の友社）などで流行《はや》ったザラ紙を使おうと思っていた。だがこれも洋書の小型図鑑のような真っ白のきれいな紙に変えた。それから一回撮り終えていた制服を着たモデルの表紙写真は生臭くなるというので、制服だけの写真に変えた。これらはすべて当たりだったと判断していい。だからこれらの南さんの意見が得られなかったら、それほど成功しなかったかもしれない。

――これは私見ですが、タイトルを『カタログ』から『図鑑』に変えたことが大きいし、これによって今和次郎から赤瀬川原平の系譜に連なる考現学のひとつのヴァリエーションと見なされるようになったんじゃないでしょうか。

宮下　南さんは僕や森君が最初に考えていたカタログ、もしくはガイド風の本では駄目だ、カタログだと水準の低いパロディのようなものになってしまうとしきりにいっていた。

そして南さんは自分の持っている洋書の小型の鳥類図鑑を見せてくれた。それを見て、これまでのコンセプトをご破産にし、僕と森君は図鑑にしようと決めたわけです。本の企画から一年くらい遅れてはしまったが、一九八五年七月二五日に『東京女子高制服図鑑』が発売となった。これは最も販売が嫌がる月ですね。でも僕はそんなことは知らなかった。

――すごく売れたんですよね。

宮下　初版四千部から始まり、五ヵ月間で八刷までいき、合計六万五百部になりました。大手出版社のベストセラーとはケタが違うけれど、弓立社のような小出版社にとっては大ベストセラーです。一月の間に一万部と二万部作ったこともあります。印刷をした中央精版の営業マンは東・日販の委託があれば、二十万部はいっただろうといってました。

最初からよく売れて、神保町の書泉グランデでは発売から五週連続で五位以内のベストセラーになっていた。こちらの読者は二十前後の青年が多かったようだ。一方で、当時弓立社の事務所はすずらん通りの二階にあった。その窓から目の前にある東京堂の店内が見え、平積みになっている場所に女子高生が群がって見ているのをよく見ました。ここでもよく売れていた。

広告はしなかったにもかかわらず、九月に入ると売れ行きはさらに加速した。それは二学期が始まり、女子・男子中高生たちの口コミも広がっていったことも作用していると思う。教室中で回し読みされただろうことも想像された。意外だが男子より女子に受けたようだ。パブリシティも働きかけたわけではなかったが、テレビもＮＨＫを始めとし、民放全局が取り上げ、新聞、週刊誌、月刊誌はすさまじいばかりに記事にしてくれた。その一部だけで、次のようです。『週刊文春』（8月8日）、『夕刊フジ』（8月11日）、『日刊ゲンダイ』（8月24日）、『日刊スポーツ』（9月2日）、『Emma』（9月10日）、『GORO』（9月12日）、『朝日ジャーナル』（9月20日）、『ダ・カーポ』（9月20日）、『週刊ポスト』（9月20日）、『サンデー毎日』（9月22日）、『Hot Dog PRESS』（9月25日）、『毎日新聞』（9月29日）、『神奈川新聞』（9月30日）など各地方紙、『週刊プレイボーイ』（10月1日）、『朝日新聞』「ひと」欄（10月7日）、『ヤングレディ』（10月8日）、『微笑』（10月12日）、『本の雑誌』43号、『報知新聞』（10月14日）、『週刊ポスト』（10月18日）、『ＢＯＸ』（10月号）、『進学ガイド』（10月号）、『熱烈投稿』（10月号）、『Momoco』（10月号）といったぐあいである。

さらに電波メディアでも、「オールナイトニッポン」（ニッポン放送、8月8日）、「11ＰＭ」（日本テレビ系、9月4日）、「らくらくTOKYO」（フジＴＶ、23日）、「おはようスタジオ」（テレビ東京、10月3日）、「TBSラジオ」（11月11日）、「そこが知りたい」（TBSテレビ、11月21日）、「YOU」（NHK教育テレビ、23日。糸井重里さんの一時間番組だった）など。本当に怒涛のようだった。途切れないのも、特徴だった。有名になる前の阿川佐和子も取材に来た。

そして「制服」「おニャンコ」「路上観察」の三つのブームが一緒になった。その結果、ついには制服で志望校を決めるとまでいわれ、女子高自体が制服をモデルチェンジし、人気を高めようとするのが流行にもなった。

この成功で僕は二つの新しい経験をします。弓立社から初めて給料をとったこと。（僕が七八〇万、女房の百合子が五七〇万です。後にも先にもない一回だけの金額ですが。）もう一つは海外旅行をしたこと。中村信夫さんと一緒にロンドンに行きました。

47　ベストセラー現象の余波

――率直なところ、『東京女子高制服図鑑』によって広いところに出たことは間違いないでしょうが、こうしたベストセラー現象をどのように思われたのでしょうか。

宮下　ある意味でファッションの本として読まれていると思いました。消費社会を生きる若い世代はファッションが自己表現であり、森君のイラストの高度なレベルにそれを見ているのではないか。

それと同時にこの本に対する読者の反応の早さに驚きました。そして雑誌はともかく、書籍はその早さに応じることができているのか、この体験を今後の新たな出版活動に反映できるかどうかが自分に課せられているとも感じましたね。

―― 読者と書店のほうの反応はわかるのですが、取次の反応はどうだったんでしょうか。

宮下 前にもいいましたように、鈴木書店と柳原書店をメインにして配本し、東販は買切口座だけしかなかったので、注文に応じるだけで、委託配本はしていない。だから日販がないという片肺飛行は相変わらず続いていたが、日販帖合の書店は鈴木書店の仲間口座から仕入れてくれていたし、小出版社としてさほどの不都合を感じることもなかった。むしろ片肺飛行から学んだことのほうが多かった。鈴木書店は社会科学を中心とする人文書の取次だから、こんな本は面くらったでしょう。

―― でもその日販の口座も『東京女子高制服図鑑』のベストセラー化によって開かれたのですよね。

宮下　『消費としての出版』を出した時、東販が接触してきて、弓立社の口座を開いたことは前述しましたが、同じように日販も取引を依頼してきた。それで僕が日販にいった時、松本昇平さんに相談したら、心配して、日販の仕入のエレベーターの前で待ち伏せしていた。東販の時の失敗もあるから、僕だけでは心もとない、俺もついていくというわけです。

──それは誠に心強い。それでどうなりましたか。

宮下　当時の日販の社長が松本さんの後輩だったんです。それでずかずかと社長室に入っていって、単刀直入に正味は七〇・五、支払い条件は前払い五〇％と決まってしまった。

──すばらしい。

宮下　すごいでしょう。そうか、取次の掛け率や支払い条件というのは、紹介者、もしくは人間関係で決まってしまうものかとよくわかった。大阪屋、栗田出版販売、太洋社、中央社との取引も始まりました。

ただ翌年以降は好条件の前払い五〇％が重荷になってきた。その条件で返品率が高いと新刊委託口座が常にマイナスになってしまうような状態になりかねない。仮に返品が五〇％以上であれば、必然的にそうなり、出版社にとってはかえってきつい。『東京女子高制服図鑑』のようなものは例外で、新刊の返品率が高いのは当たり前だからね。それで翌々年だったかな、こちらから支払い条件を下げてもらうように頼むのも異例かもしれないが、前払いを三〇％にしてもらった。

――なるほど、それで肝心の『東京女子高制服図鑑』の返品率はどうだったのですか。

宮下　六万五百部作って、返品は百五十部。これは誇っていい返品部数だと思う。

――まさにそうですね。大手出版社にしろ小出版社にしろ、ベストセラーは最終的刷り部数よりも返品が問題ですから、その数字は奇跡的といっていいんじゃないでしょうか。いわば、弓立社の鈴木書店をメインとする蛇口戦略が功を奏したことが浮かび上がってくる。

宮下　最初から東・日販を通じて委託配本でもしたら、刷り部数は倍くらいいったでしょうが、返品もこんなものではすまない。だから弓立社にとってはメイン取引が小取次であったことが幸いしたことになる。

――ところで周囲の反応のほうはどうだったんでしょうか。

宮下　よくご存じでしょうが、僕はこの本が売れたことで、あちこちから批判された。それは書店も同様で、吉本隆明の本を出している出版社がこんな本を出すのは許せないという声も聞こえてきて、置いてくれない書店もありました。書店というのは一番保守的なんだということがよく分かりました。

――まあ、広いところに出るというのはそういうことですから。

宮下　だから、そうした流通販売も含めて、やはり『東京女子高制服図鑑』の刊行が弓立社にとっての転機だった。でも僕にとって、それが幸か不幸か、いまだにわからないようなところもあります。

――この本に関して吉本隆明はどう反応したのですか。

宮下　吉本さんは一九八七年の京都書院での講演「ハイ・イメージを語る」の中で、ファッション論を語り、そのテキストとして『東京女子高制服図鑑』を使っている。これは、『吉本隆明〈未収録〉講演集』５の「イメージ論・都市論」に収録されています。

そのことからわかるように、吉本さんはこの本の出版に関して賛成派だったけど、編集者の安原顯さんは批判派だったことから、二人の間で『東京女子高制服図鑑』論争が起きたようです。これもこの本をめぐるエピソードのひとつです。

僕が思うに、吉本さんも八〇年代における弓立社の出版の行方を心配してくれていて、僕にいったことがある。今は純文学も売れないし、古井由吉さんたちでも思うように本が出せなくなっている。だからそこら辺を狙ったらどうですかと。狙ったらという言葉が正確かどうかは忘れてしまいましたが、そういうサジェスチョンをしてくれたのを覚えています。でもそうなると小沢書店の後追いになってしまうので、そうした方向性をとるつもりはなかった。そのこともあって、吉本さんは弓立社が『東京女子高制服図鑑』で新しい地平を見出したことを喜んでくれたのではないかと思っている。

――それは私もまったく同感です。

それとは別にこの『東京女子高制服図鑑』の成功の後に続く失敗もあったと聞いています。よろしければ、それもうかがわせて下さい。

48 スケールとコンピュータゲーム攻略本

宮下 『東京女子高制服図鑑』が一段落した頃、芳林堂で知り合った元JICC出版局（現・宝島社）の石井正巳がコンピュータゲームの攻略本の話を持ちこんできた。

――彼は確かフィルムアート社にいた人ですね。

宮下　そうそう、彼はその後ＪＩＣＣ出版局でファミコン攻略本の企画、販売を手がけ、五十万部以上売り成功させていたが、事情があってやめていた。この企画はファミコンではなく、まだどこも手がけていないセガとアスキーのコンピュータゲーム攻略本というところに新鮮さがあった。

これは弓立社ではなく、スケールという新しい会社名義でやることにした。それは弓立社ではよく読めないし、攻略本にふさわしくなかったからだ。安原顯さんや油谷遵にも株主になってもらった。

――それでスケールだったんですね。弓立社とスケールの組み合わせも何なのかと思っていましたから。

宮下　そういうことで、それに合わせ、編集者として北根紀子《のりこ》を入れた。セガ・エンタープライゼスとも交渉し、ハードやソフトも提供してもらい、数万人の購買者リストも貸してもらった。

第一弾『セガ㊙ハイテク集』が出たのは一九八六年五月で、三刷までで、二万部ほどいったが、定価は七百五十円という低単価だった。大変ではあったが、これも面白い体験

で、まず購買者リストにそって大量のＤＭを出した。北根が街のゲームセンターで見たところ、実際にゲームをクリアしていくのは中学・高校生たちだった。だから彼らを釣り上げてゲームを攻略してもらって、それを本にしていくわけです。

　これは営業は石井がやるはずだったのが、彼が「倉庫番」というゲームに入れこんでしまって動かないので、僕がやりました。出版社の営業マンは怖がったものですが、僕には新鮮な体験でした。販売は浅草玩具などの玩具問屋や新宿のヨドバシなどと直接交渉するもので、書籍の取次の窓口と違ってブースの中での一対一の交渉だった。これは一種のカルチャーショックでもあったが、完全買切、正味も七掛けくらいで、二ヵ月後の入金というのも同様だった。しかしビジネスライクというか、第一弾は五千部買切だったのに、第二弾は二百部というようなもので、その商売感覚は出版とまったく異なり、逆にすっきりとして新鮮でもあった。これは六ヵ月で六冊出したが、第一弾のようには売れず、撤退するしかなかった。雑誌を持たず、新しい情報に対応できないのが最大の要因だった。二千万円くらいの赤字で、弓立社には限度です。石井と北根には退社してもらった。北根は後に徳間書店インターメディアのＭＳＸ・ＦＡＮ担当編集長になった。今はわからない。石井は自分で会社を立ち上げたようです。

でもこういう世界を知ったことで、出版を考える視点も違ってきたことも事実です。そういう意味で、この仕事は僕に大きな影響を与えたと思う。だが経営的にはまったくの失敗で、『東京女子高制服図鑑』の利益はすっかりなくなってしまった。僕の経営者としての限界もよく自覚した。しかしこの失敗と限界の自覚は僕に他の出版者にはないものを付け加えたことだけは確かです。

―― いや、この話はとても考えさせられます。出版はひとつ当てた後が要注意だというのはよくいわれることですが、その典型のような一件ですね。残念ながら私はベストセラーを経験していませんけれど、ベストセラーとその後をくぐり抜けられた宮下さんの心境もわかるような気もします。

それと同時に弓立社にも新たな社員が登場してきました。石井と北根の名前は先ほど出ましたので、他の人たちも紹介してもらえませんか。これはその後の弓立社の企画へとつながっていきますので。

49 新しい社員たちとその企画

宮下 最初の社員は、寿ビルに移った時に入った経理の池田えり子です。コンピュータゲーム攻略本から撤退した後、二部屋借りていたのを一部屋にしたりして後始末した後、また社員を募集した。この後に入ったのは、編集者としては情報センター出版局にいた池永昌靖《まさやす》、営業としては明大新卒の石原敬士《たかし》です。僕は経営者として変わっていると思いますが、社員とは殆ど酒を飲まないんですよ。後から入った吉田保とは、彼のほうからよくせがまれて飲みに行き、出版の話をしました。独立するつもりがあったからでしょう。

池永は色々と作ったが、シリーズとしては成田アキラ『テレクラの秘密』と年間ベスト書評集『ブック・レビュー』三冊が挙げられる。彼はその後双葉社に移り、大ヒットした着メロケイタイ本を企画している。石原は明大生協のアルバイトが長かったこともあり、出版営業にも勘が働き、東京人には珍しい律儀な性格なので、何も教えないのによく働いた。

シリーズといえば、「hen party series」という企画があって、これは雇用機会均等法や女性総合職などに象徴される女性の社会進出に当たって、就職のみならず、結婚や育児までをフォローする企画だった。入社したばかりの柿沢未夏《みか》の企画で、僕の友人・碇俊彦の編集プロダクション「マイン」の協力も得て、大宅賞を受賞する前の井田真木子さんにも書いてもらったりしたが、こちらも惨敗に終わりかなりの赤字を出した。やはり二千万円近い赤字だったのではないか。

柿沢は出産で退社したが、その後に入ったのがＮＨＫ出版で選書の編集をしていた瀬谷直子で、田中英道さんの美術三部作といえる『美術に見るヨーロッパ精神』『天平のミケランジェロ』『運慶とバロックの巨匠たち』を企画編集した。これらは僕の自慢する本です。その後瀬谷も朝日出版社系列のブックマン社に移り、それから自分で瀬谷出版を始めている。

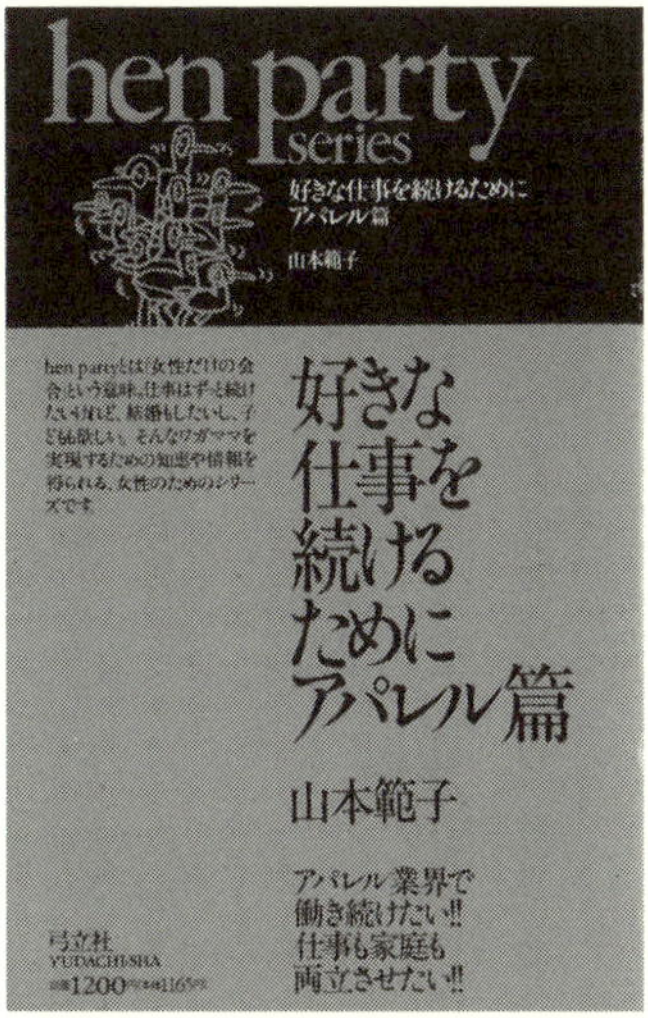

山本直樹『ＢＬＵＥ』『あさってＤＡＮＣＥ』、などのコミックの企画は吉田保の企画です。『ＢＬＵＥ』は光文社で出版されます

が、性描写が問題となり、東京都により不健全図書の指定を受け、版元回収になり、表現問題の象徴になった。弓立社は成人マーク入りにして、ボカシもとり、カラーは全てカラーにして販売した。三万部くらいいった。後に、双葉社、太田出版から再刊された。吉田はフリースタイルという出版社を立ち上げ、『フリースタイル』というインディーズ系の雑誌を刊行している。『福山庸治選集』は僕の企画です。村上たかしの『ナマケモノが見てた』も復刻した。

穂原俊二は宮子あずさの『看護婦たちの物語』を形にしてくれた。これは三万部いった。今は太田出版で活躍しているらしい。

50　池永昌靖と『テレクラの秘密』

――吉田も弓立社出身だとは知らなかった。私は『フリースタイル』の愛読者で、とりわけ年末に出る号のその年の「THE BEST MANGA」特集を楽しみにしています。

ここでその吉田ではないのですが、先の池永の企画した『テレクラの秘密』を取り上げたいと思います。このコミックに表出しているのは八〇年代の社会における性やエロスの変わり目じゃないかと考えられる。それがテレクラというツールに象徴され、そこから若者の家庭、妻や子供までが浮かび上がる仕掛けになっている。しかもどこまで事実かはわからないけれど、所謂「私コミック」として描かれてもいる。

だから現在のAVの世界の走りのようなところもあって、この『テレクラの秘密』の出版というのは性やエロスの表現や関係を変えてしまったような気もする。それとテレクラの他者とのつながりの機能が意味するものは現在のケイタイを先駆けているのではないか。

宮下　コミックだけれど、それらを含め、本としてのかたちでは走りだと思う。でもそれはなかなか受け入れられなかった。

池永から企画が出された時、『内外タイムス』の連載を数回読んでいて、気になっていたコミックなので、すぐにOKを出した。著者もまだ一冊も本がなかったこともあり、出版を快諾してくれた。

それからあらためて一巻分を読んだわけだけど、本当に仰天してしまった。これを文章表現に置き換えれば、体験ルポということになるかもしれないが、文章では表現できない、信じられないほどの多彩な女性の性の世界があった。

漫画＝コミックはかなり読んではきたが、こんなにすごいのは初めてだと思い、それこそ勇んで出版した。一九八七年のことだった。コミックの出版は初めてなので、これもパブリシティを工夫し、成田さんが根拠地としているテレクラの東京12チャンネルの電話番号を表1に入れ、バーターでそこが都内で配るチラシ五十万枚の裏に本の広告を入れたりした。そのチラシは神保町の弓立社の郵便受けや会社の税理士の池袋の事務所にも入り、税理士の牛田威《たけし》さんから悪用されたのではないかという心配の電話が入ったりした。『内外タイムス』の連載の下に全五段の広告も出した。エロ本に強い書店や小取次も回った。これはまた深い世界で面白かったですね。売れ行きは上々で、吉本さんを始めとして色んな人たちが面白がってくれた。

—— ところが『東京女子高制服図鑑』と同様に、書店の評判はよくなかった。

宮下 そう、一部の書店では散々な悪評だった。これもまた弓立社がこんな本を出すのはけしからん、吉本隆明の本を出している出版社がエロ本を出すのは何ごとかというわけです。
営業の石原はいろんな書店でいじめられたらしい。『東京女子高制服図鑑』の時は銀座の教文館書店が置かないといったが（売れだしたら置きだした）、今度は紀伊國屋書店の新宿店が強硬で、こんなものを出していいのかとひどく怒られた。そんな例は山ほどあった。ただそれがあまりに多いことと営業がかわいそうなので、四巻から解説をつけることにした。

――確か豪華メンバーだったと記憶していますが。

宮下 山口文憲、関川夏央、鴻上尚史、上野千鶴子、中野翠、伊藤比呂美さんたちにお願いした。女性三人も含めて、みんな絶賛してくれた。それもあってコミックにもかかわらず、書評もされるようになった。これで悪評が収まりはしなかったが、気休めにはなった。それにこの全十巻が一時期の弓立社を支えた。これや制服図鑑の関連本、『日本全国楽しい制服教室』『女子高制服図鑑　首都圏版』や制服図鑑の年度版化、それからヒントを得て上原善二という森君の美学校での友達の企画編集で作った『パス・イン東京圏大学受験案内』が当ってこれも年度版にした。こんないろんな企画で、女性シリーズの手痛い失敗を乗り越え、存続の危機はまぬがれた。

成田さんも以前に講談社でアインシュタインの学習漫画を一冊出していただけだったが、『テレクラの秘密』のヒットで、『週刊大衆』『週刊アサヒ芸能』に進出し、講談社の『アフタヌーン』にも連載するようになり、今でも『週刊アサヒ芸能』か『週刊大衆』では描いているんじゃないでしょうか。

その頃は一冊の部数の目標が五千〜八千部になった。それまで、千五百〜三千部くらいだったので、この落差は大きかった。僕を含めて皆企画をあまり出せなかった。点数も減っていった。それで社員は少しずつ辞めていき瀬谷が九六年に辞めて、また、僕と女房と主婦バイトだけになった。

51　弓立社とアルバイトさんたち

弓立社は、アルバイトの人たちにも支えられた。付き合いも、社員より深い付き合いをした人もいる。全部は挙げられないが、次の人たちが印象に残っている。

最初は、愛敬《あいきょう》すみさん。立中潤の遺稿集の編集を手伝って貰った。力のある人だった。また、次男が生まれたばかりで、その面倒もよく見て貰った。その後、歯科関係の出版社に行って、キャリアを重ねた。

次に、早稲田の攻究会という勉強をするサークルの学生が来た。東京書籍の（今は平凡社）関正則君の後輩だ。第一陣が佐藤知道君だった。優秀だった。いろんな手助けをしてくれたが、四歳の長男が交通事故にあった時、病院にまで行って、面倒を見てくれた。家に泊まって赤ん坊の次男の面倒まで見てくれた。マスコミ志望だったが、弓立社の仕事を見て、志望を変え、川崎製鉄に行った。これは、面白いことだと思った。大野博文君は画才があり、瀬尾育生さんの詩集『らん・らん・らん』の装丁をして貰った。以降、何人かのアルバイトの人に装丁やカットを書いて貰っている。川出絵里さん（『日本の秘密』の装丁。後に美術出版社に入り、『美術手帖』の編集を長くやった。）や河合美弥さん（『子供力』や『宮本武蔵全書』のカット）、山本淳子さん（『力道山と日本プロレス史』の装画・装丁。『美人乱舞』の資料収集）だ。山本さんは今、神保町でキントト文庫を営んでいる。

攻究会の次の次の世代が、鴻上尚史を紹介してくれた宮永潤君だ。彼とは、ずっと付き合いがあり、映画やらコミックなどの新しい感性を貰っている。彼はＩＢＭに行った。今も毎年会っている。

この頃、関君の友達の明英《あけ》彦君がいた。編集の手伝いを一番長くやって貰った。『東京女子高制服図鑑』の時、テレビに出て貰ったりした。

後期になって、大橋穣《みのる》君。岡田美雪さん。岡田さんは若いのに、熱烈な吉本ファンだった。二人とも、編集の雑務を見て貰った。この二人は、結婚した。弓立社で唯一のカップルである。

その後、弓立社の後期に、妻の友人たちの主婦バイトが、強力な力を発揮した。渡邉英子さん。営業に強力な力を発揮した。いまはケアマネージャーをしている。人間力に長けた人で、優秀なケアマネだ。山﨑千津子さん。経理の面倒を見てもらった。関口真弓さん。パソコン関係は全部彼女の守備範囲だった。小野紗文さん、伍藤桂子さん、白川誠子さんには販売の手伝いなどをして貰った。

この人たちは、一筆書きのようにしか書けないが、ずいぶん弓立社の力になって貰った。特に後期の弓立社は、この人たちの力添えなくては、成り立たなかったと思う。本当に、感謝している。

52 「叢書日本再考」の刊行

―― 社員たちの時代も、一九七六年から九一年まで、十五年ほど弓立社にはあったわけですけど、宮下さんは自分に人を使う能力がないと自覚し、九〇年代に入って再び、奥さんと二人の出版社へと戻っていく。そして中野三敏『内なる江戸』や岡田英弘『日本史の誕生』、田中英道『天平のミケランジェロ』『運慶とバロックの巨匠たち』、増田義郎『日本人が世界史と衝突したとき』、渡辺京二『日本近世の起源』といった「叢書日本再考―Series Rethinking Japan」を刊行していくことになる。これも宮下さんにとっては大きな転換になる。

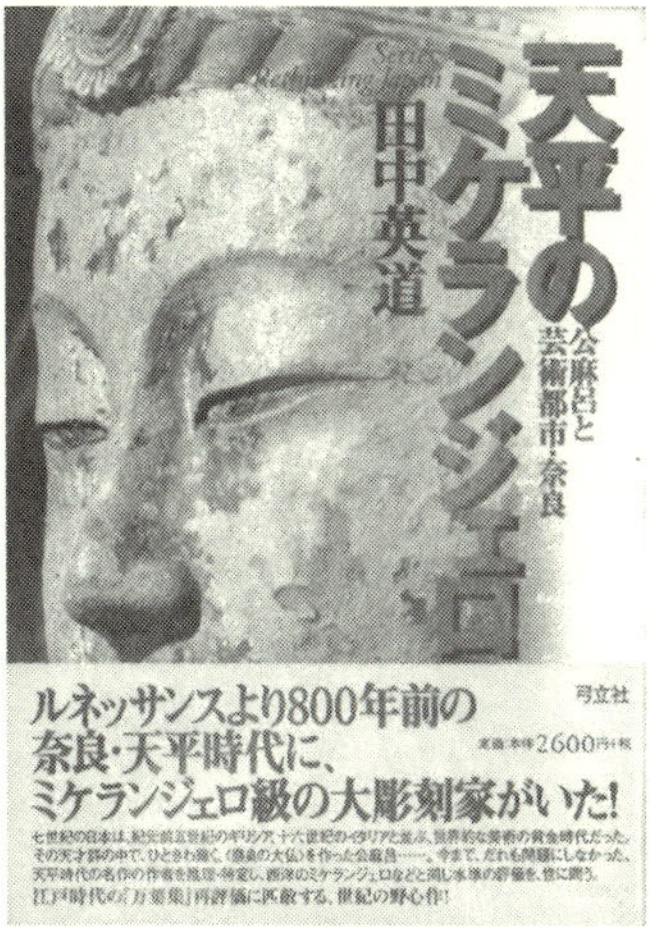

宮下　この頃周りを見渡すと在野の新人で面白い人がいなくなった。また、団塊の世代＝全共闘の人たちがこぞって大学の教員になってい

く。これが面白くなかった。その時ぶつかったのがこれらの人だった。鬱然たる大家です。しかも主流の人たちではなかった。渡辺さんだけが大学人ではなかった。この路線はもっと追求するつもりでしたが、次の大きな企画に移行することになった。書籍の僕にとって本当の意味での最後は渡辺京二さんの『日本近世の起源』でしょう。吉本さんの本で始めて渡辺さんの本で終える。二人とも好きな著者で、僕にとっては良い形になった。

――そろそろ時間もなくなってきてしまいましたので、この時代は残念ながらジャンプし、二一世紀に入って刊行され始めた宮下さんと弓立社の最後の大仕事とでも呼ぶべき『吉本隆明全講演ライブ集』を取り上げたいと思います。これもそこに至る経緯と事情はどのようなものだったんでしょうか。

53 『吉本隆明全講演ライブ集』

『吉本隆明全講演ライブ集』

宮下　前にも吉本さんの講演について話しましたが、今のようなコンパクトな録音機器はなかったので、最初は大変でした。オープンリールのテープデッキで七インチから始まっています。テープデッキを担いでいき、会場ではテープ起こしさえできればいいと思い、目立たない後ろのほうで録音していた。だから音質はよくないのです。『敗北の構造』は全部テープ起こしも自分でやった。

――それはとんでもなく大変だったでしょう。この「出版人に聞く」シリーズも、自分でテープ起こしをしてと考えると、どれだけ時間がかかるか、すぐにわかりますから。

宮下　それで『知の岸辺へ』からはプロのテープリライターに頼むことにした。それから僕が整理し、ゲラにして吉本さんに送る。すると吉本さんのゲラへの赤入れはすごくて時間もかかった。吉本さんが僕にいったことがある。「講演集の直しは、一冊まるまる本を書くのと同じくらいの労力がいる」し、「自分が酔っ払ってくどくど言っているのを、目の前に突きつけられるような気がする」と。とにかく吉本さんの労力が大変だから、気安くは頼めないところがありました。それでもお願いし続けて、弓立社から八冊の講演集を出しているのですが。

そういう事情で、本にできなかった講演がかなり残っていましたし、一方で活字にはなったけれど、音源が劣化して駄目になるものもでてきた。

―― そのテープはどのくらいあったんですか。

宮下 吉本さんの講演のテープを録りだしたのは一九六七年頃からで、二〇〇〇年まで一八〇講演分ほどが手元に残っていて、テープにして二〇〇本を超えていました。吉本さんは年間十回以上講演してきたはずで、三十年間の講演のうち、半分以上は僕のところにあるはずだった。講演をテープに録るために、青森、盛岡、仙台、横浜、名古屋、岐阜、京都、下関、小倉、佐賀、高知などの地方へもよく出かけたものです。

―― その宮下さんでも、講演の半分くらいしか聞いていないし、テープに録っていない。

宮下　筑摩書房の『吉本隆明〈未収録〉講演集』を出すにあたって、宿沢あぐりさんと二人で、「吉本隆明講演リスト」を作成した。それは一九六一年から二〇〇〇年にかけての二八五のリストです。それがこれです。

――タイトルと主催者の多様性も含め、壮観の一言に尽きますね。

宮下　これらの講演テープをどう保存するかが年来の悩みの種だった。これだけ揃っているのは他にないし、そうなると僕個人のものというよりも、もはや公共のものと考えるべきだろう。デジタル化しておかないと、テープの劣化や再生不可といった様々な問題に加え、保管場所に関しても保存の環境などを考えると大変だった。実際、再生不可というテープが何本か出てきました。オープンリールの頃のものです。

――それで『吉本隆明全講演ライブ集』の企画に至ったのですか。

宮下　そうですが、テープ音源をＣＤにして残すという発案は僕ではなく、吉本さんの長女の多子《さわこ》さんです。

――漫画家のハルノ宵子さんですね。

宮下　そうです。たまたま吉本さんの奥さんと多子さんが神保町にきたことがあった。その時春秋社の小関直さんの奥さんも一緒だった。

――小関さんというと、『最後の親鸞』などの春秋社の吉本本の編集者でしたね。今の春秋社の社長澤畑さんの紹介で、かつて一度だけ会っています。

宮下 そうだったのですか。女性三人だったこともあり、僕の女房も合流して食事をしたことがあった。その時は講演テープのことで悩んでいて、少し前日本近代文学館に非公式ですが、寄贈したいと持ちかけていたんです。そうしたら、寄贈を受けてもそれらを生かす設備や保管場所がないとのことでした。食事の席でもその話になった。すると多子さんがCDのようなきちんとしたかたちにして売ったほうがいい。そういうことに詳しい人がいるので紹介してあげるというし、奥さんもそれを吉本さんに伝えてくれるといってくださった。それがきっかけで『吉本隆明全講演ライブ集』が始まったことになります。

それでまず発売元として、TRC（図書館流通センター）、ネット販売のbk1、丸善の三社が共同で考えてみようということになり、数ヵ月間かけてミーティングがくり返された。その結論はまったく売る自信がないということで、丸善が一五〇部という数字を出したものの、TRCは部数がまったく読めず、bk1も五部くらいしか見こめない。これでは話にならないので、三社共同案は流れてしまった。紀伊國屋書店にも声をかけたが、相手にされませんでした。

――　いや、それは無理もないことで、もし大手書店でもかなり販売できるとしたら、八〇年代から九〇年代にかけて、吉本の講演を続けて開催していたリブロしかなかったんじゃないでしょうか。

宮下　それはいえます。でも今世紀に入ると、もはやかつてのリブロではないわけだから、それも不可能だ。だから自分のところでやるしかないと決心したわけだけど、相当恐い企画だし、ＣＤを高額な全集として売るということがよくわからないし、それなりの覚悟が必要だった。ただ僕には講演テープに対する責任感とそういう博打的なことをする要素が多分にあったんでしょうね。

それからボイジャーの萩野正昭さんや色んな人に会い、試行錯誤を重ね、最終的にＣＤ一枚が七四分で、一巻にＣＤ六枚を収めるのとビデオにして、一講演から五講演収録する。そして、八〇ページほどのテキストをつけ、箱に収め、勁草書房の『吉本隆明全著作集』と並べても異和感のないようなデザインにした。ただ七四分六枚に収める編集は大変だった。後に、ＤＶＤも出した。この函とＣＤのデザインは息子の亮がやった。

54　「吉本隆明全講演CD化計画」と販売事情

――版元を「吉本隆明全講演CD化計画」としたのはどういう事情からですか。

宮下　販売は直接購買者が半分、書店販売が半分と完全に『試行』方式で想定したこともあり、委託は返品が恐いので、弓立社ルートは使わなかった。それで「吉本隆明全講演CD化計画」という版元を立ち上げ、新たに開いた注文中心の地方・小出版流通センターの口座からだけ販売流通させるようにした。掛けは六六掛けです。書店はリブロ池袋、ジュンク堂池袋、神田三省堂など二十店くらいじゃないかと思います。

――直販のほうはどのようなルートで販促したのですか。

宮下　『試行』は一九九七年に休刊になっていましたが、その販売スタイルを継承すべきだと考え、『試行』の購読者名簿をお借りし、三千五百人ほどにDMを出した。一期四巻ずつ、五期として全二十巻の案内です。ただ、最初は巻数は未定でした。吉本さんは百五十部くらいいくかなといっていた。一巻九千円です。

――それで私のところにも案内がきたわけですね。残念ながら私は予約しませんでしたが。私は読むほうを優先していますし、聞くほうはどうも苦手ということがありまして。

宮下　それは吉本さんの読者としては当然のことでもあります。注文があったのは三百六十人くらいです。

だからⅠ期五百部（重版二百部）として始めたのです。これは成功でしょう。しかし、Ⅱ期六百部、Ⅲ期五百部、Ⅳ期、Ⅴ期四百部と次第に先細りになっていった。三百部が採算ラインだったので、三百部までは印税なし、それ以上売れた部数に対して印税を払うという条件でお願いして始めたのですが、どこまでいけるのか、まったく自信がなくなってきた。一期予約してくれた読者には吉本さんのあの赤字入り「著者校」を「福袋」としてプレゼントしたりしていたのですが。

それで第十七巻を出した頃、気分的にアップアップの状態で、それを多子さんが気にして、一度糸井重里さんに相談してみたらどうですかといってくれた。それで相談に行くと糸井さんからふたつの提案が出された。それは糸井さんが「ほぼ日刊イトイ新聞」でパブリシティをするという案、東京糸井重里事務所が全部引き受けるという案だった。

そこで糸井さんがやってくれるのであれば、全部お任せしよう。糸井さんは吉本さんを好きなので、丁寧に扱ってくれるだろうと判断し、すべてを糸井さんに預けることにした。

それで全二十巻で終わりにしました。作ったのは全部で一万五百部、地方・小出版流通センターの返品は二十七部です。これは全て僕の友人にあげました。地方小を使ったのは正解だったと思います。糸井重里事務所に全部移譲してから、「ほぼ日刊イトイ新聞」から五二の講演を入れた『吉本隆明五十度の講演』がCD、MP3というパソコンで再生できるシステムの二種類で出されることになった。

―― 糸井重里事務所から無料配信されるという話も聞いていますが。

宮下 今年の一月九日から始まったばかりです。「吉本隆明の183講演」(www.1101.com)です。なかなかいい音になっています。あれは整音というのかな。

僕が糸井さんに提供したのは一七九講演、それに糸井さんのところで主催した二講演他があるから、その全部の一八三講演が無料、無期限で公開されています。そのうち、テキストもフリー配信されることになるでしょう。

このおかげで、ひとつ講演集のミスが見つかっています。『心とは何か』所収の「身体論をめぐって」(「183講演」では「心的現象論をめぐって」)で、「リンサルナという精神医学者」というのが三ヵ所も出て来る。これをおかしいと思った酒井さんという読者が『吉本隆明五十度の講演』で聞き返したところ、「ビンスワンガー」だった（『吉本隆明資料集149』付録「猫々だより」146）。この本は、吉本さんの校閲も受けている本なのに、こんなミスがある。

音声という性質上、こういう事態は起こりやすいのだが、この「183講演」が出たおかげで、そういうチェックをすることが誰にも可能になった。僕などは、たくさん講演集を作ってきた人間なので、これは有難いことだと思うと同時に、身に沁みて厳しいことだとも思う。

――ところでそれは宮下さんが現在編集中の『吉本隆明〈未収録〉講演集』とダブっているのですか。

宮下　ダブっているものもあるけれど、それ以外のものもあります。フリー配信は筑摩書房の企画においてはさほど問題にならなかった。要するに本のかたちとダウンロードで聞くことはちがうだろうということで。

『吉本隆明〈未収録〉講演集』の場合、糸井重里事務所以外で見つかったまだ活字になっていないもの、テープはなく雑誌などで活字になっているけど本になっていないもの、このふたつも合わせた未収録の講演から編まれているわけです。

55　未刊の質疑応答集、未収録対談集、『アジア的ということ』、語録集の編集

――なるほど、それでよくわかりました。まだ第三巻の『農業のゆくえ』しか読んでいないので、そこら辺のことがよく把握できていなかったのです。

宮下さんも弓立社から離れて、こういっては失礼ですが、年齢的なことを考えても引退されるのではないかと思っていました。でもなかなかハッピイリタイアはできないということでしょうか。

宮下　そうね、僕だって歳だからいつ何があるかわからないし、何もしないで引退したほうが楽なのは重々承知している。

きっかけは晶文社の『吉本隆明全集』の企画が発表され、内容見本を見たことだった。どうしたって僕から見れば、あれもない、これもないということになる。となると、特に『「反原発」異論』なんてものを編む人間はいない。

――森下さんの論創社だから出せたけど、他の出版社だと難しいし。

宮下　他でも出そうというところはなくはなかったんですけどね。僕しかそういう編集やコーディネイトはできないのではないかと不遜にも思ったわけですよ。そうすると、未収録の講演集もあるし、未収録対談集五冊とか質疑応答集五冊とか、語録集（インタビュー集）もある。それから未刊のままになっている『アジア的ということ』だって残されている。それらをまとめようとしている人はいないので、僕がやるしかないなと思った。全部合わせると二十五冊くらいになります。吉本さんの生前に僕が出版したものよりも多くなります。これも吉本さんとの巡り合わせですね。

――いやあ、宮下さん、その心意気ですよ。今日は久し振りにお会いし、私のほうがとても刺激を受けてしまいました。本当に今日は長時間有り難うございました。この描きインタビューが宮下さんへのささやかなバックアップになればいいのですが。それではこれからの宮下さんのお仕事のさらなる発展を祈念し、ここで閉じさせて頂きます。

弓立社・スケール・吉本隆明全講演CD化計画、刊行物一覧

年代	著者	書名	定価
一九七二年	吉本隆明	敗北の構造	一二〇〇円
一九七三年	島尾敏雄	幼年記	二八〇〇円
一九七四年	小山俊一	EX－POST通信　付オシャカ通信	一八〇〇円
	橋川文三	新版　現代知識人の条件	二〇〇〇円
一九七五年	上村武男	高村光太郎　高貴なる生の廃屋	一五〇〇円
	矢野武貞	「吃音」の本質　話行為の構造と病理	一八〇〇円
一九七六年	吉本隆明	知の岸辺へ	二〇〇〇円
一九七七年	松岡俊吉	吉本隆明論「共同幻想論」ノート	一六〇〇円
	橋川文三	標的周辺	一八〇〇円
一九七八年	上村武男	吉本隆明手稿	二二〇〇円
	上村武男	帰巣者の悲しみ　死をめぐる短章	一二〇〇円
	池上達也	経済学と外部	一六〇〇円
一九七九年	立中潤	叛乱する夢　立中潤遺稿　詩・評論	一六〇〇円
	井上岩夫	カキサウルスの髭（小説集）	一三〇〇円
	坂井信夫	影の年代記（詩集）	一四〇〇円
	立中潤	闇の産卵　立中潤遺稿　日記・書簡	一七五〇円

	井上岩夫	しょぼくれ熊襲（詩集）	一六〇〇円
一九八〇年	相澤浩二	吃音学を超えて	一九〇〇円
一九八一年	吉本隆明	言葉という思想	一四〇〇円
	松岡俊吉	イメージ学ノート	一六〇〇円
	吉田裕	吉本隆明とブランショ	一八〇〇円
	瀬尾育生	吹き荒れる網（詩集）	一四〇〇円
	小浜逸郎	太宰治の場所	一四〇〇円
一九八二年	箕輪成男	情報としての出版	一六〇〇円
	築山富美夫	海の砦（詩集）	一四〇〇円
	松岡俊吉	イメージ・シンキング	一八〇〇円
	宮城賢	病後の風信	一三〇〇円
一九八三年	箕輪成男	消費としての出版	一四〇〇円
	北川透	魔女的機械（詩集）	一九〇〇円
	ねじめ正一	脳膜メンマ	一八〇〇円
	鴻上尚史	朝日のような夕日をつれて　第一戯曲集	一二〇〇円
	箕輪成男	歴史としての出版	二〇〇〇円
	猪瀬直樹	日本凡人伝	九八〇円
	北川透	死亡遊戯（詩集）	一六〇〇円
一九八四年	瀬尾育生	らん・らん・らん（詩集）	一四〇〇円

	鴻上尚史	宇宙で眠るための方法について（戯曲集）	一二〇〇円
	吉本隆明	敗北の構造　新装版	一六〇〇円
	伊藤比呂美	感情線　のびた	一四〇〇円
	油谷遵	マーケティング・サイコロジィ	四八〇〇円
	油谷遵	20世紀末消費生活	一四〇〇円
	西村博美	八右衛門の鶫（詩集）	一六〇〇円
一九八五年	鴻上尚史	冒険遊戯　鴻上尚史対談集	一二〇〇円
	森伸之	東京女子高制服図鑑	一二〇〇円
一九八六年	弓立社編集部	パス 東京圏私立大学案内'86年度版	一二六二円
	北川透	隠語術（詩集）	二〇〇〇円
	スケール	セガ㊙ハイテク集	七五〇円
	スケール	セガ㊙ハイテク集②	八〇〇円
	スケール	MSXアドベンチャーゲームヒント集	一六〇〇円
	スケール	MSXロールプレイングゲームヒント集	一六〇〇円
	油谷遵／自費出版	海辺の形而上学	
	森伸之と図鑑舎／編	「制服図鑑」通信 vol.1	五五〇円
	成田亨／スケール	モンスター大図鑑	二八〇〇円
一九八七年	スケール	THE倉庫番	一〇〇〇円
	鴻上尚史	スワン・ソングが聴こえる場所（戯曲集）	一六〇〇円

	大塚英志	「まんが」の構造	一六〇〇円
	吉本隆明	超西欧的まで	一八〇〇円
	加藤典洋	批評へ	二八〇〇円
	成田アキラ	テレクラの秘密①	八五〇円
	成田アキラ	テレクラの秘密②	八五〇円
一九八八年	弓立社編集部	パス 東京圏私立大学案内'88年度版	
	吉本隆明他	いま、吉本隆明25時	一八〇〇円
	森伸之	日本全国たのしい制服教室	二二九六円
	弓立社編集部	小林信彦の仕事	一八〇〇円
	成田アキラ	テレクラの秘密③	八五〇円
	成田アキラ	テレクラの秘密④	八五〇円
	成田アキラ	テレクラの秘密⑤	八五〇円
	油谷遵	マーケティング・サイコロジィ　普及版	二二〇〇円
	奈良総一郎	電脳システム手帳	一五〇〇円
一九八九年	弓立社編集部	ブックレビュー01　誘う書評・闘う書評	二二〇〇円
	成田アキラ	テレクラの秘密⑥	八五〇円
	西部邁・石川好	覚悟！	一四〇〇円
	吉本隆明	敗北の構造　新装版	一九五〇円
	吉本隆明	知の岸辺へ　新装版	二〇〇〇円

	沢田康彦編	どうぶつ自慢	一四〇〇円
	成田アキラ	テレクラの秘密⑦	八五〇円
	吉本隆明	像としての都市	二三〇〇円
	小林信彦	セプテンバー・ソングのように　1946―1989	一五〇〇円
	小原有月	LOVE　コピーアート・グラフィックス（写真集）	一九〇〇円
	白倉由美／スケール	サクリファイス（コミック）	九八〇円
	成田アキラ	テレクラの秘密⑧	八五〇円
	成田アキラ	テレクラの秘密⑨	八五〇円
一九九〇年	弓立社編集部	ブックレビュー02　誘う書評・闘う書評	一二〇一円
	弓立社編集部	東京圏私立大学案内'91年度版	一三〇〇円
	CAMPUS VOICE編集室	CAMPUS VOICE　別冊東京圏私立大学案内	一〇三〇円
	立花隆他	1日だけのナイチンゲール　〈ことば〉篇	一三五九円
	中沢新一他	1日だけのナイチンゲール　〈からだ〉篇	一三五九円
	ダーク・ボガード	レターズ　ミセスXとの友情（乾侑美子訳）	一六〇〇円
	成田アキラ	テレクラの秘密⑩	八五〇円
	橋本治	武器よさらば　橋本治書簡集	一一〇〇円
	弓立社編集部	ブックレビュー03　誘う書評・闘う書評	一二〇〇円
一九九一年	大塚英志	見えない物語　〈騙り〉と消費	一五五三円
	鴻上尚史	朝日のような夕日をつれて NEW VERSION	一八〇〇円

	オフィスＫ21	ニューヨーク・カルチャー・ブック	一六〇〇円
	hen party series		
	山本範子	好きな仕事を続けるために　アパレル篇	一二〇〇円
	グループ　エス・アール	ネットワークを活用するワーキング・ウーマンたち	一二〇〇円
	栗原知女	今度こそ失敗しないわたしの会社選び	一二〇〇円
	井田真木子	彼女たちのホーム・スウィートホーム	一二〇〇円
	杉山由美子	ワーキングマザーと保育園	一二〇〇円
一九九二年	吉本隆明	大情況論　世界はどこへいくのか	二〇〇〇円
	宮子あずさ	看護婦たちの物語	一六〇〇円
	橋爪大三郎・副島隆彦	現代の預言者小室直樹の学問と思想	二四〇〇円
	山本直樹	BLUE　AND OTHER SHORT PIECES（コミック）	一二〇〇円
	飯島太千雄／（発売）	般若心経の道	二三三〇円
一九九三年	田中英道	美術に見るヨーロッパ精神	二三三〇円
一九九四年	山本直樹	あさってDANCE①（コミック）	九五一円
	山本直樹	あさってDANCE②（コミック）	九五一円
	パス・イン編集室	PASS IN 東京圏大学受験案内'95年度版	一五〇〇円
	中野三敏	内なる江戸　近世再考　叢書・日本再考	二五二四円
	岡田英弘	日本史の誕生　千三百年前の外圧が日本を作った　叢書・日本再考	三九四〇円
	山本直樹	あさってDANCE③（コミック）	九五一円

	山本直樹	あさってDANCE④（コミック）	九五一円
	山本直樹	あさってDANCE⑤（コミック）	九五一円
	山本直樹	あさってDANCE⑥（コミック）	九五一円
	山本直樹	あさってDANCE⑦（コミック）	九五一円
	山本直樹	はっぱ64①（コミック）	一〇六八円
	山本直樹	はっぱ64②（コミック）	一〇六八円
	福井若恵	一犬二太郎育児日記	一五〇〇円
一九九五年	山本直樹	はっぱ64③（コミック）	一〇六八円
	福山庸治	福山庸治選集①マドモアゼル・モーツァルト①	一一六五円
	福山庸治	福山庸治選集②マドモアゼル・モーツァルト②	一一六五円
	福山庸治	福山庸治選集③マドモアゼル・モーツァルト③	一一六五円
	福山庸治	福山庸治選集④ドン・ジョヴァンニ	一一六五円
	田中英道	天平のミケランジェロ　叢書・日本再考	二五二四円
一九九六年	福山庸治	福山庸治選集⑤自選短篇集①手の鳴るほうへ	一三五九円
	福山庸治	福山庸治選集⑥自選短篇集②ニキビよニキビ	一三五九円
	石川元・景山民夫	宗教に入るひとの心が分かりますか？　新新宗教と精神療法	一八〇〇円
	林恭子	京都を生きるおんなたち	一六〇〇円
	梶原一騎	力道山と日本プロレス史（復刻版）	一六〇〇円
	西村かおる	進め！　おもらし世直し隊　だいじょうぶ、失禁。	一四五六円

	岡田英弘	台湾の命運　最も親日的な隣国	一八〇〇円
一九九七年	村上たかし	自選・ナマケモノが見てた①（コミック）	九〇〇円
	村上たかし	自選・ナマケモノが見てた②（コミック）	九〇〇円
	伊藤晴雨／弓立社編	美人乱舞　責め絵師伊藤晴雨頌	三〇〇〇円
	増田義郎	日本人が世界史と衝突したとき　叢書・日本再考	二六〇〇円
	吉岡翔	ラジオは何時もホットなメディア	一六〇〇円
	中川道弘	古書まみれ	二二〇〇円
一九九八年	田中英道	運慶とバロックの巨匠たち　『仁王』像は運慶作にあらず	三八〇〇円
一九九九年	副島隆彦	日本の秘密	一八〇〇円
二〇〇〇年	森伸之	女子高制服図鑑　首都圏版	二二〇〇円
	中川八洋	大東亜戦争と「開戦責任」　近衛文麿と山本五十六（復刻版）	一八〇〇円
二〇〇一年	大塚義治	遊歩入夢〜文庫の香り　霞が関・団塊世代のメモワール	一四〇〇円
	岡田英弘	歴史の読み方　日本史と世界史を統一する	一八〇〇円
	吉本隆明	心とは何か　心的現象論入門	一六五〇円
	増田修治と子どもたち	子供力！　詩を書くキッズ	一四五〇円
	副島隆彦	テロ世界戦争と日本の行方　アメリカよ、驕る無かれ！	二二〇〇円
二〇〇二年	吉本隆明他	『ドキュメント吉本隆明』①〈アジア的〉ということ	一二五〇円
	副島隆彦	決然たる政治学への道	二二〇〇円
	吉本隆明他	『ドキュメント』①特集吉本隆明・続〈アジア的〉ということ	一六〇〇円

二〇〇三年	林恭子	かたちのなかの源氏物語	二八〇〇円
二〇〇四年	吉本隆明	人生とは何か	一六五〇円
	渡辺京二	日本近世の起源　戦国乱世から徳川の平和へ	二八〇〇円
二〇〇五年	パス・イン編集室	PASS IN 東京圏大学受験案内'06年度版	一九九五円
	林恭子	平家物語を歩く	二八〇〇円
	松延市次・松井健二	決定版　宮本武蔵全書	四六〇〇円
	上田滋	西郷隆盛　甦る伝記の名著　幕末維新編①（復刻版）	二八〇〇円
	冨成博	高杉晋作　甦る伝記の名著　幕末維新編②（復刻版）	二八〇〇円
二〇〇八年	中川八洋	連合艦隊司令長官山本五十六の大罪　亡国の帝国海軍と太平洋戦争の真像	二〇〇〇円
	日下部正哉	宮崎駿という運動	一八〇〇円
	油谷遵／（自費出版）	油谷遵遺稿集	一八〇〇円
二〇一〇年	高本茂	松下昇とキェルキェゴール	一二〇〇円

カセットテープ

一九八八年三月　吉本隆明講演　いま、吉本隆明25時より／都市論／四〇〇〇円
一九八八年三月　吉本隆明講演　いま、吉本隆明25時より／文学論・その他／四〇〇〇円
一九八八年七月　カセットおとぎ文庫①佐島伸子　鶴の恩返し／一六〇〇円
一九八八年七月　カセットおとぎ文庫②遠藤登志子　屁ひり嫁／一六〇〇円

吉本隆明全講演ライブ集（通巻で表す）

二〇〇一年九月	第1巻	〈アジア的〉ということ	九〇〇〇円
二〇〇一年十二月	第2巻	夏目漱石（上）	〃
二〇〇二年三月	第3巻	夏目漱石（下）	〃
二〇〇二年七月	第4巻	親鸞・良寛・ヴェーユ	〃
二〇〇二年十二月	第5巻	農業論	〃
二〇〇三年三月	第6巻（ビデオ版）	資本主義はどこまでいったか	〃
二〇〇三年七月	第7巻	親鸞論	〃
二〇〇四年二月	第8巻	ヘーゲル、フーコー、その他	〃
二〇〇四年八月	第9巻（ビデオ版）	わが月島	〃
二〇〇四年十二月	第10巻	宮沢賢治	〃
二〇〇五年三月	第11巻	25年目の全共闘論、その他	〃
二〇〇五年九月	第12巻	森鷗外	〃
二〇〇五年十二月	第13巻	都市論としての福岡、その他	〃
二〇〇六年三月	第14巻	ボードリヤール×吉本隆明　世紀末を語る、その他	〃
二〇〇六年六月	第15巻	古典論	〃
二〇〇六年九月	第16巻	西欧の文学と思想	〃
二〇〇六年十一月	第17巻（ＤＶＤ）	シンポジウム　太宰治論	〃
二〇〇七年一月	第18巻	昭和の批評と詩	〃
二〇〇七年四月	第19巻（ＤＶＤ）	徹底トーク　ハイ・イメージ論199Ｘ	〃

二〇〇七年七月　第20巻　心とは何か　〃

●この他に、年度版などとして以下のものがある。
○東京女子高制服図鑑　1986年度版から1996年度版まで、11年間。
○パス PASS 東京圏私立大学案内（改題・PASS IN 東京圏大学受験案内）1986年度版から2006年度版まで、11年間。
○「制服図鑑」通信2号（八七年六月）・3号（八八年十一月）

弓立社出版点数（一九七二～二〇〇七）

NO	年代	点数
一年目	一九七二	一
二	一九七三	一
三	一九七四	二
四	一九七五	二
五	一九七六	一
六	一九七七	二
七	一九七八	三
八	一九七九	五
九	一九八〇	一
一〇	一九八一	五
一一	一九八二	三
一二	一九八三	七
一三	一九八四	六
一四	一九八五	三
一五	一九八六	一〇
一六	一九八七	六
一七	一九八八	一三
一八	一九八九	一一
一九	一九九〇	一〇

NO	年代	点数
二〇年目	一九九一	九
二一	一九九二	五
二二	一九九三	四
二三	一九九四	一三
二四	一九九五	九
二五	一九九六	七
二六	一九九七	六
二七	一九九八	二
二八	一九九九	二
二九	二〇〇〇	二
三〇	二〇〇一	四
三一	二〇〇二	四
三二	二〇〇三	二
三三	二〇〇四	二
三四	二〇〇五	三
三五	二〇〇六	五
三六	二〇〇七	〇
三七	二〇〇八	二
三七年間	合計	一七二

吉本隆明全講演ライブ集

NO	年代	点数
一年目	二〇〇一	二
二	二〇〇二	三
三	二〇〇三	二
四	二〇〇四	三
五	二〇〇五	三
六	二〇〇六	四
七	二〇〇七	三
七年間	合計	二〇

宮下和夫（みやした・かずお）
1942年、神戸に生まれ、愛媛県で育つ。1960年、学習院大学仏文科入学、64年卒業。学研、主婦と生活社を経て、65年、徳間書店入社。71年退社。72年、弓立社設立。2008年まで活動し、2011年、友人に無償で提供して引退。2014年から、『吉本隆明〈未収録〉講演集』（筑摩書房）『「反原発」異論』（論創社）などの吉本隆明の遺著を編集し始める。

弓立社という出版思想——出版人に聞く⑲

2015年11月25日　初版第1刷印刷
2015年11月30日　初版第1刷発行

著　者　宮下和夫
発行者　森下紀夫
発行所　論 創 社
東京都千代田区神田神保町2-23　北井ビル
tel. 03（3264）5254　fax. 03（3264）5232　web. http://www.ronso.co.jp/
振替口座　00160-1-155266
インタビュー・構成／小田光雄　装幀／宗利淳一
印刷・製本／中央精版印刷　組版／フレックスアート
ISBN978-4-8460-1489-6　